.NET 面向对象程序设计基础

丛书主编　王路群
主　　编　宋　涛　朱兴宇
副主编　倪　鹏　王大亮　穆德恒
参　　编　周　岩　闻　喆　李欣颖
胡　婷　丁健生

东软电子出版社
·大连·

内容简介

本教材是面向对象C＃语言的经典教材，全套教材共两册：《.NET面向对象程序设计基础》与《.NET Windows编程》。两本教材可单独使用，也可以配套使用。《.NET面向对象程序设计基础》以“项目驱动、案例教学、理论实践一体化”作为编写的指导思想，重点在于培养学生面向对象的编程思想。教材针对高职高专学生学习新知识的特点，采用循序渐进的教学手段，在教学中融入软件工程的开发思想，贯彻软件开发的系统性和严谨性。为突出“案例教学”，本教材每章均精选了一个贴近实际知识应用的案例，尽可能地将知识点融入案例，并在每章后的“技术拓展”中对本章知识点进行扩展和补充，达到以案例形式组织知识点的方式来充分激发学生编程兴趣的目的。

本教材可作为高职高专、成人教育或其他院校相关专业的教材，也可以作为C＃语言初级程序设计培训机构的培训教材或参考教材。

.NET面向对象程序设计基础/宋涛，朱兴宇主编．一大连：东软电子出版社，2013.3
ISBN 978-7-89436-160-8

出 版 人： 吴建宁
策划编辑： 常 梅　　**责任编辑：** 朱 娜
光盘开发： 张啸嵩　　**装帧设计：** 万点书艺

出版/发行： 东软电子出版社
地　　址： 大连市软件园路8号
邮　　编： 116023
电话/传真： 0411-84835089
网　　址： http://press.neusoft.edu.cn
电子邮箱： nep@neusoft.edu.cn

出版时间： 2013年3月
印制时间： 2013年3月第1次印制
字　　数： 299千字

印 制 者： 大连华录影音实业有限公司
大连金华光彩色印刷有限公司

序

高等职业教育在专业教育上担负着帮助学生构建专业理论知识体系、专业技术框架体系和职业活动逻辑体系的任务，而这三个体系的构建需要通过专业教材体系和专业教材内部结构得以实现，即学生的心理结构来自于教材的体系和结构。

为探讨软件技术专业的建设思路和课程体系，形成体系化、实用性的专业教材，在教育部高等学校高职高专计算机类专业教学指导委员会（以下简称“计算机教指委”）的指导下，国内软件技术专业的高职院校及行业领军企业多次开会探索、研讨，做了大量富有成效的工作。软件技术系列教材正是集合众多高职院校教师和企业工程师智慧的体现。

系列教材特色

软件技术系列教材依据不同教材在其构建知识、技术、活动三个体系中的作用，采用了不同的教材结构设计和相似的编写体例。

1．承担专业理论知识体系的构建任务

强调专业理论知识体系的完整性与系统性，不强调专业理论知识的深度和难度；追求学生对专业理论知识整体框架的把握，不追求学生只掌握某些局部内容的深度和难度。

2．承担专业技术框架体系的构建任务

注重让学生了解这种技术的产生与演变过程，培养学生的技术创新意识；注重让学生把握这种技术的整体框架，培养学生对新技术的学习能力；注重让学生在技术应用过程中掌握这种技术的操作，培养学生的技术应用能力；注重让学生区别同种用途的其他技术的特点，培养学生职业活动过程中的技术比较与选择能力。

3．承担职业活动体系的构建任务

依据不同职业活动对所从事者特质的要求，分别采用了项目驱动、情景驱动、效果驱动的方式，形成了“做中学”一体的系列教材结构与体例，诸如项目导引、项目分析、项目实施等。项目驱动培养所从事者的程序逻辑思维；情景驱动培养所从事者的情景敏感特质；效果驱动培养所从事者的发散思维。

本系列教材无论从课程标准的开发、教材体系的建立、教材内容的筛选、教材结构的设计还是教材素材的选择，都得到了国内知名职业教育专家和一百多所高职高专院校及相关企业专家的大力支持，并给予了十分有益的建议，从而对高职高专计算机类专业教学提供了丰富的素材和鲜活的教学经验。

本系列教材是我国高职高专教育近年来只注重学生单一职业活动逻辑体系构建，向专业理论知识体系、技术框架体系和执业活动逻辑体系三个体系构建转变的有益尝试，也是计算机教指委专家委员研究讨论成果的具体应用之一，是近百所高职院校一线教师和企业工程师智慧的体现。

王路群

2012年12月

前　言

随着信息技术的发展和普及,作为高等教育的一种类型教育,高职高专教育更强调工程化和职业化教育——学生不仅应具有基本的专业理论知识,更重要的是应具有过硬的专业技能和工程能力。

软件技术专业培养的是具有较高编程实践能力的应用型人才。鉴于此,在教育部高等学校高职高专计算机类专业教学指导委员会的指导下,我们策划了这本《.NET 面向对象程序设计基础》。

一、教材特色

● 技术前沿,与时俱进

本教材采用 C#(读作 C Sharp)作为学习 .NET Framework 4.0 的编程语言,Visual Studio 2010 为开发工具。

● 案例实用,体系完备

本教材内容采用理论和实践相结合的方式,在每一章中均安排一个趣味性的编程任务来激发学生的学习兴趣,在通过丰富示例代码详细阐述了 C#基本知识的同时,提供了综合性的任务案例来总结和提高学生编写完整代码的能力。通过综合任务的分析、实现和总结,可以让学生对整个 C#语言体系有一个比较详尽的了解和掌握。

● 先进的教学理念

本教材内容安排采用"任务驱动"式的教学理念,编写风格上注重学生实际编程能力的培养。

● 语言简洁,通俗易懂

针对初学者的特点,本教材编写过程中力求采用通俗易懂的语言和图表工具,阐述难于理解的知识点。

二、内容介绍与教学建议

本教材共分为 9 章,全面讲解了 C#语言语法结构、面向对象等重点内容,代码详细,实用性强。

每章分为 7 个部分编写:"项目导引"部分通过一个有趣的小项目首先激发起学生学习的兴趣;"项目分析"部分对导引中的项目进行分析,引出为完成项目所需学习的知识点;"技术准备"部分详细讲解本章的主要知识点,并通过小的示例加深理解;"项目实施"部分利用本章知识点完成导引中的小项目;"技术拓展"部分补充介绍本章的导引项目未使用,但实际开发过程中经常应用的技术知识点;"本章小结"部分总结了本章的重点学习内容;"强化练习"部分设计了一套试题，方便学生进行自我练习和测试。

本教材的内容结构如下：

第 1 章：主要介绍 C#语言的语法特点和开发环境；

第 2 章：通过一个简单的数学问题介绍 C#的基本数据类型和表达式；

第 3 章：通过一个保费计算程序介绍 C#的流程控制和异常处理机制；

第 4 章：通过一个单词测验程序讲解字符串的常用方法和基本知识；

第 5 章：通过奖学金计算程序讲解数组的定义与使用；

第 6 章：通过模拟音乐播放器实现泛型和泛型集合的使用；

第 7 章：通过对人类模型的介绍引入面向对象的思想，介绍面向对象的基本概念、类及对象的创建、类的成员等基础知识，最后给出创造人类的一个模拟程序；

第 8 章：进一步通过人类模型讲解面向对象的高级使用，同时讲解了面向对象的封装、继承和多态性，最后通过超人的案例给出一段完整的演示代码。

第 9 章：通过综合运用本教材主要知识点来模拟实现一个师生体检管理系统，旨在锻炼学生的综合运用能力，最后给出完整的演示代码。

本教材建议以理论课与实践课相结合的方式进行讲授，强调学生的实际动手能力。各院校可以根据的实际情况适当调整教学内容。

三、读者对象

- 高职高专计算机相关专业的学生；
- 应用型本科院校计算机相关专业的学生；
- 计算机相关专业培训机构的学生；
- 广大计算机爱好者。

本教材由宋涛、朱兴宇担任主编，倪鹏、王大亮、穆德恒担任副主编，周岩、闻喆、李欣颖、胡婷、丁健生等参与了本教材的编写和程序代码的调试、测试。

在本教材编写过程中，得到了大连东软电子出版社的帮助和支持，在此表示衷心的感谢。

由于编者水平有限，加之编写时间仓促，难免存在疏漏和不当之处，敬请广大读者批评指正。

编　者

2013 年 1 月

课程导学

一、课程整体概述

1.课程性质

“.NET 面向对象程序设计基础”是软件技术专业的一门重要专业技术基础课程，也是一门实践性很强的课程。其主要任务是掌握 C#.NET 的基本知识和技能，使学生掌握利用 C#.NET开发应用程序的能力。其前导课程有“C 语言程序设计”，后续课程有“ASP.NET 网站应用程序开发（C# ）”、“软件测试”、“软件工程”等。

2.课程作用

微软推出的C#语言越来越受到人们的关注和青睐。兼有C++强大的语言功能和 VB 简单快速的特点，加上完全面向.NET 框架的设计，使 C#成为.NET 开发平台的首选语言。本课程由浅入深，帮助学生快速掌握 C#语法，熟练使用其语言，了解面向对象的设计和编程方法。

3.课程内容

本课程内容包括使用 C#.NET 开发各种类型应用程序过程中所涉及的基本概念、编程原理、实施过程等方面的基础知识。讲述了基于 C#.NET 语言的面向对象编程思想在中小型项目中的应用，通过各个模拟现实的任务导引，旨在让学生提高面向对象程序设计的基本能力和编程规范等方面的职业素养。

通过本课程的学习，希望学生能在如图 1 所示方面达到人才培养的目标。

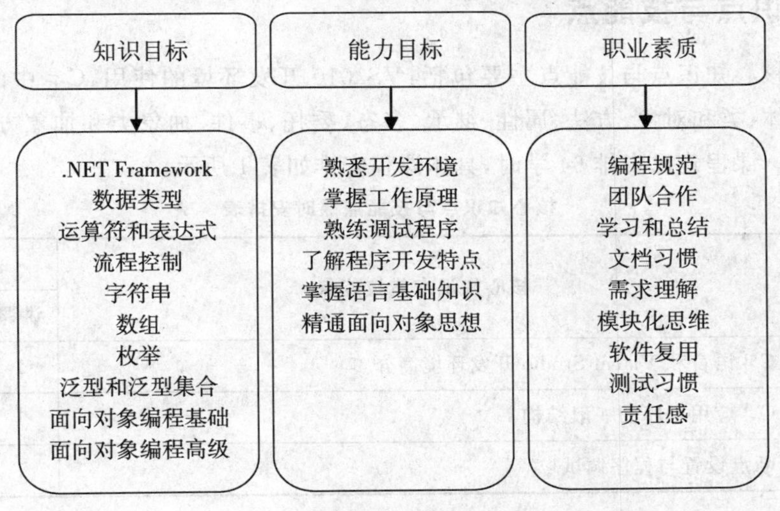

图 1　能力目标

二、课程体系结构

基于 C# 的面向对象程序设计是一门需要动手实践能力很强的课程，在学习的过程中，只有不断练习才能掌握 C#.NET 语言的基本知识和面向对象思想的精髓。因此，我们在考虑到具体实践教学情况的同时，结合自身教学过程中所遇到的问题，决定采用循序渐进的方法，在每一个知识点处以“任务导引”的方式引出学生对问题的思考，然后针对问题具体深入而细化地讲解相关的预备知识，最后通过“任务实施”来引导学生最终解决问题。

在课程体系安排上，我们按照如图 2 所示的结构，对 C#.NET 的基础知识进行了划分，针对课程的难点和重点，选择了不同的贴近生活实际例子的专题来讲解如何进行编程开发。

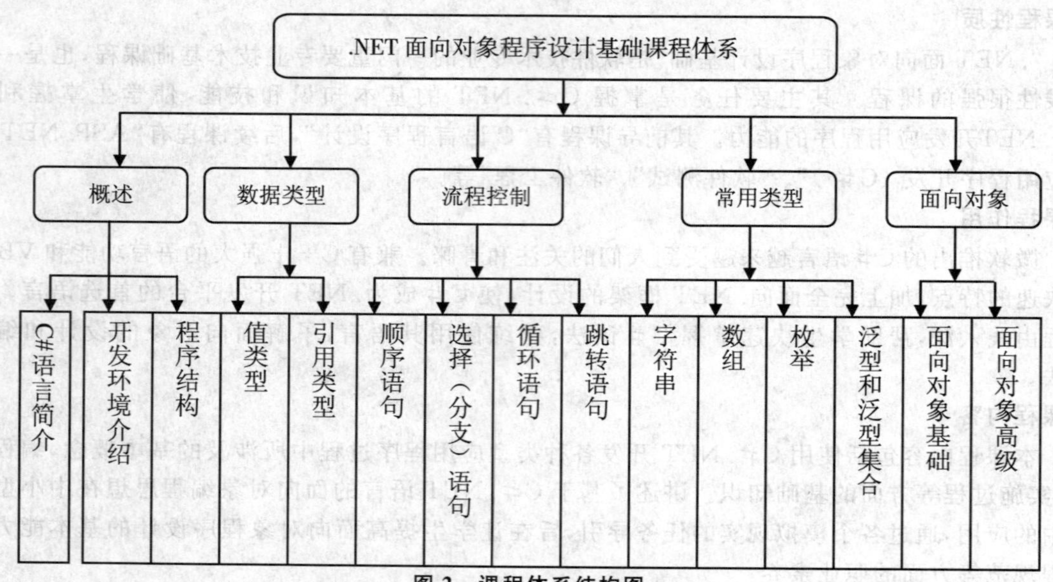

图 2 课程体系结构图

三、核心知识点与技能点

本课程的核心知识点与技能点主要包括：VS2010 开发环境的使用、C# 中的数据类型、数组、枚举、结构体、类和对象、方法、属性、继承、多态、委托、事件、抽象类和抽象方法、接口、泛型和泛型集合等。课程建议安排 64 学时，具体课程安排如表 1 所示。

表 1 核心知识点与技能点课时安排表

章节	课次	核心知识点与技能点	安排		小计
			讲课	实验	
1	1	C# 语言和 Visual Studio 开发环境简介	1		1
	2	C# 应用程序的一般结构	1		1
	3	断点设置与程序调试	1	1	2

（续表）

章节	课次	核心知识点与技能点	安排		小计
			讲课	实验	
2	4	C#的数据类型	1	1	3
	5	C#代码书写规范	1		1
	6	常量与变量	1		1
	7	运算符与表达式	2	2	4
	8	结构与枚举	1	1	2
	9	常用的框架类	1	1	2
3	10	选择语句	1	1	2
	11	循环语句	1	1	2
	12	异常处理语句	1	1	2
4	13	字符串的声明和创建	1		1
	14	字符串的表示格式	1		1
	15	常用字符串操作方法	2	2	4
5	16	数组的声明和初始化	1		1
	17	数组元素的使用	2	2	4
6	18	泛型类	1		1
	19	泛型方法	1	1	2
	20	泛型集合	1	1	2
7	21	面向对象程序设计的基本概念	1		1
	22	类和对象的定义与创建	1	1	2
	23	类的成员	4	4	8
8	24	封装	1	1	2
	25	继承	1	1	2
	26	多态性	1	1	2
	27	接口	1		1
	28	委托	1		1
9	29	综合练习	2	4	6
总计：64 学时					

四、学习本课程达成目标

(1)专业能力目标:通过本课程的学习使学生掌握面向对象程序设计的基本概念、编程原理,能够应用面向对象方法学进行系统分析和设计,了解 C#语言的相关知识,能够灵活运用所学知识解决实际问题。

(2)素质能力目标:通过本课程的学习,培养学生分析、研究、抽象、解决、总结问题的能力,阅读程序、编写程序的能力,有一定的创造性思维,培养学生的集体责任感;培养学生的团队合作能力,形成良好的软件工程师职业素养。

(3)工程能力目标:培养学生具有完整的软件开发工程化思想,熟悉软件开发过程中各阶段的任务和目标,具有自行安排进度和进度控制的能力,熟悉软件开发过程常用工具的应用。

五、网络资源

(1)微软 MSDN 中文网站:http://www.microsoft.com/china/msdn

(2)微软学生中心:http://www.msuniversity.edu.cn

(3)中国软件开发网.NET 频道:http://dotnet.csdn.net

目 录

第 1 章

初识 C#.NET

1.1 任务导引——新的开始

新学期伊始，同学们拿着发下来的《.NET 面向对象程序设计基础》教材，议论纷纷。有的同学说："这.NET 到底是什么呀?"有的同学说："这门课程跟上学期我们的 C 语言课很像啊，是不是一样的?"有的同学说："听说.NET 和 Java 都是面向对象的编程语言呢，不知道谁厉害一些?"还有的同学说：".NET 代码的编程是在什么样子的工具环境里呢?"如图 1-1 所示为 Java 对抗.NET 的情景。

图 1-1 .NET 和 Java 的对抗

1.2 任务分析

从上面的情景中，大家充满了对.NET 的好奇，同时很多同学都对".NET"、"C#"、"面向对象"这些新鲜的词语感到迷惑。其实，根据微软官方的解释：

.NET is a "revolutionary new platform, built on open internet protocols and standards, with tools and services that meld computing and communications in new ways."

其意思为：.NET 是一个前所未有的新平台，基于开放式的互联网协议和标准，是一种全新的用来计算和交流工具和服务。如果用一句话来概括，即：.NET＝新平台＋标准协议＋统一开发工具。

而C#就是微软为了这个新平台而推出的一种全新的、基于框架(.NET Framework)的、强大的程序设计语言。

下面，我们就一起来从“C#语言及其发展简介”、“Visual Studio 2010 开发环境”、“C#程序规范”、“断点与程序调试”等方面来了解一下这门语言，并且用它来编写出我们的第一个C#应用程序吧！

1.3 技术准备

1.3.1 C#语言的特点及其发展简介

1.C#语言的特点

C#语言是在C、C++和Java基础上重新构造的、语法与C++和Java都比较相似的基于.NET框架支持的一种完全面向对象的、类型安全的编程语言，也是.NET的首选编程语言。从开发效率来讲，C#为应用程序开发人员提供了快速的开发手段，但又不牺牲C++语言的特点和优点。从继承性来讲，C#在更高层次上重新实现了C和C++。从语法形式和易用性来讲，C#几乎综合了目前流行的所有高级语言的优点，提供了一种语法优雅、功能完善而又容易使用的外在表现形式。

C#语言的特点如下：

(1)简洁的语法。

使用统一的操作符，淘汰了C++中的伪关键字和不规范的表示符号。

(2)精心的面向对象设计。

完全OOP，单继承，每一种类型都是对象。

(3)与Web紧密结合。

开发ASP.NET页面与开发本地WindowsForm操作一样，支持WebServices设计，支持WPF设计。

(4)安全的错误处理机制。

提供自动垃圾回收机制，取消指针类型、类型安全检查、托管环境运行代码、结构化错误处理。

(5)版本处理技术。

内置版本控制，方便升级。

(6)灵活性和兼容性。

使用委托机制实现指针，可以访问非托管环境的Win32 API，允许与其他.NET语言交互。

2.C#语言的发展

从2000年C# 1.0诞生以来，2003年，微软发布了C# 1.2；2005年，微软发布了C# 2.0；2007年，微软发布了C# 3.0；2010年，微软发布了C# 4.0；2012年，微软发布了C# 4.5。

3.C #语言和其他语言的比较

首先，我们拿C#跟C++来对比，最大的特点是它们在语法上的相近似性，而不同之处体现在以下几个方面：

(1)平台特点：C#是.NET 平台下支持较为完整的语言，天生就是为.NET 平台服务的，C++在.NET 平台下的支持相对差一点。

(2)内存管理：.NET 的内存分配有专用的垃圾回收机制，无须担心内存的泄露问题，而C++则不然。

(3)指针：C#中不再使用指针，而是使用委托机制实现指针；C++既有普通指针，还有函数指针。

(4)类：C#中不存在全局变量，任何东西都要属于一个类，连 Main 都在类里；抽象类的声明方法，C#必须用 abstract 关键字，而C++则无须使用关键字，只要包含虚函数即可。

(5)数据类型：C#拥有多种数据类型，有布尔类型 bool，字符类型 char 等。

(6)编译：C#编译生成中间语言(IL)代码；C++则编译生成本地执行的代码。

接下来我们拿 C#与 Java 进行一下对比，如表 1-1 所示。

表 1-1　C#和 Java 语法特点对照表

项目	C#	Java
运行环境	可在具有 CLR 的平台上运行	可在具有 JVM 的平台上运行
完全面向对象	是	是
多重继承	不支持	不支持
内存管理	使用垃圾回收机制管理内存	使用垃圾回收机制管理内存
异常处理	try-catch-finally	try-catch-finally
指针	只能在非托管的代码段内使用	不支持
类型安全性验证	强制类型验证	强制类型验证
命名空间	支持	支持
布尔值	只能为 true 或者 false	只能为 true 或者 false
变量初始化	不能使用未初始化的变量	不能使用未初始化的变量
中间语言处理	将 MSIL 转换为 JIT 机器码	Java 字节码
访问修饰符	public、protected、private、internal、partial	public、protected、private、friendly
Web Service	支持	支持
文件名与类名的关系	无关	有关
运算符重载、装箱拆箱、结构、方法隐藏	具有	无

1.3.2 Visual Studio 开发环境

1.Visual Studio 的功能

Microsoft 推出的 Visual Studio 提供了一个全新的开发环境,在此环境下,可以用多种语言开发 Windows 窗体应用程序、ASP.NET 网站、移动设备应用程序、组件与控件、数据报表、XML Web 服务等多种复杂的系统。它具备如下特点:

首先,它提出了一种全新的观念(Vision),认为软件是一种服务("Software As A Service")。通过跨平台、跨系统的数据交换与集成(EAI)方式将各种各样的设备连接到了一起,通过软件这种"服务",缩小了各种异构平台之间的差距,使它们之间的信息交换变成了可能。

其次,这种体系结构的核心是通过 XML 作为载体,通过 Web 服务这样的手段,实现数据的交换与集成,

最后,通过统一的开发平台——Visual Studio.NET,实现了从客户端到服务器端完整的底层支持,无论通过什么样的客户端,如手机操作系统、网络浏览器,或中间件,如 BizTalk Server,还是服务器端,如 SQL Server、Windows Server 等,均可以通过 XML 建立起统一的联系。

2.Visual Studio 的发展历史及版本

- 2003 年,微软发布了 Visual Studio 2003,采用的是 C# 1.2 规范,对应的 CLR 是 1.0;
- 2005 年,微软发布了 Visual Studio 2005,采用的是 C# 2.0 规范,对应的 CLR 是 2.0;
- 2008 年,微软发布了 Visual Studio 2008,采用的是 C# 3.0 规范,对应的 CLR 是 2.0;
- 2010 年,微软发布了 Visual Studio 2010,采用的是 C# 4.0 规范,对应的 CLR 是 2.0;
- 2012 年,微软发布了 Visual Studio 2012,采用的是 C# 4.5 规范,对应的 CLR 是 4.0。

本教材采用的是 Visual Studio 2010,分为 Team System 版本(团队开发版)、Professional 版本(专业版)、Standard 版本(标准版)和 Express 版本(精简版),分别适用于大型软件开发团体、中小型软件开发公司以及业余开发者,是一种全面的、先进的、完全适应当前网络发展的高级软件开发平台。

3.Microsoft.NET Framework 的特点

Microsoft.NET Framework(简称.NET 框架)是生成和运行.NET 应用程序和 Web Service 的组件库。它的特点是:一种框架、多种语言。

.NET 框架支持的语言除了基于.NET 框架的 C#语言、VB.NET 语言、C++.NET 语言以及和 Java 语言语法完全相同的 J#语言外,还有基于.NET 框架的 FORTRAN 语言、Pascal 语言、COBOL 语言、PERL 语言、Python 语言和 Eiffel 语言等其他高级语言。

从图 1-2 可以看出,使用.NET Framework 提供的类库所开发的应用程序,必须在安装了.NET Framework的计算机上才能运行。这种架构与 Java 语言必须由 Java 虚拟机支持相似。默认情况下,微软公司从 Windows 7 版本开始已经预先安装了.NET Framework。

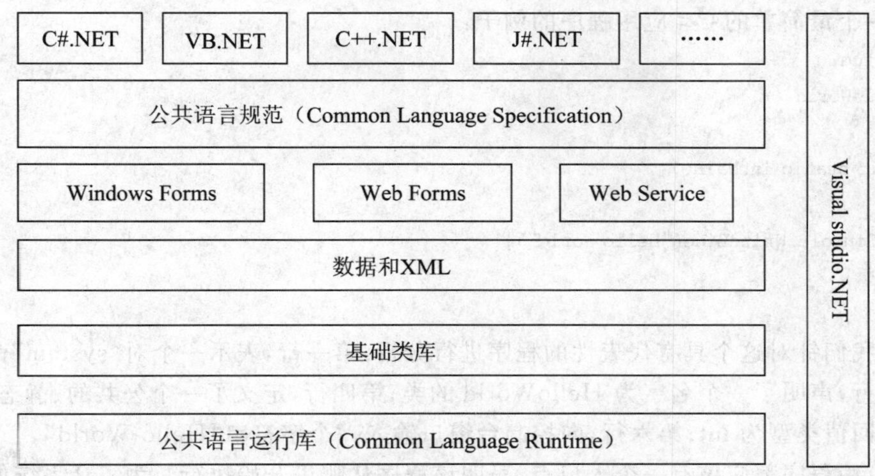

图 1-2 Visual Studio. NET 开发环境

4. 公共语言运行库

公共语言运行库(Common Language Runtime,CLR)是.NET 框架的基础,可被看做是一个在执行时管理代码的代理,提供诸如内存管理、线程管理和远程处理等核心服务,而且还强制实施严格的类型安全以及确保安全性和可靠性的其他形式代码的准确性。事实上,代码管理是实施运行库的基本原则。以运行库为目标的代码称为托管代码;不以运行库为目标的代码称为非托管代码。

凡是使用符合公共语言规范的程序语言开发的程序,均可以在任何安装有 CLR 的操作系统中执行。CLR 可以大幅度简化应用程序的开发,同时由于代码在托管模式下运行,有效避免了内存泄露等情况。使用.NET 提供的编译器可以直接将源程序编译为.EXE 或者.DLL 文件,但是需要注意的是,此时编译出来的程序代码并不是 CPU 能直接执行的机器代码,而是一种中间语言 IL(Intermediate Language)代码,在代码被调用执行时,CLR 的 Class Loader 会将需要的 IL 代码装入内存,然后再通过及时(Just-In-Time)编译方式将其临时编译成所用平台的 CPU 可直接执行的机器代码。

5..NET Framework 类库

.NET Framework 类库是一个与公共语言运行库紧密集成的可重用的类型集合。该库提供对系统功能的访问,是建立.NET 框架应用程序以及组件和控件的基础。

类库提供了 Internet 和企业级开发所需要的各种功能,完全支持 Web 标准及其应用,而且使用简单,扩充方便。

所有类库均分配到不同的命名空间下。

1.3.3 C#应用程序的一般结构

在 C#中,每一个应用程序可以由一个或者多个类组成,所有的程序都必须封装在某个类中。一个应用程序可以由一个文件组成,也可以由多个文件组成,文件名可以和类名相同,也可以不同。C#源程序文件的扩展名为".cs",比如 WindowsApplication1.cs,一个源文件中可以有一个类,也可以有多个类;如果加上 partial 修饰符,也可以把一个类分散保存到多个文件中,然后由编译器在编译时自动将其组合到一起。

下面是一个最简单的 C#应用程序的例子：

```
using System;
class HelloWorld
{
    public static intMain()
    {
        Console.WriteLine("Hello World");
    }
}
```

接下来，我们针对这个具有代表性的程序进行分析：第一行，表示一个对“system”命名空间的引用；第二行，声明了一个名字为 HelloWorld 的类；第四行，定义了一个公共的、静态的 Main 方法，它的返回值类型为 int；第六行，向控制台窗口输入一个字符串“Hello World”。

每一个应用程序都应该有一个入口点，表明该程序从哪里开始执行。为了让系统能找到入口点，入口方法名被规定为 Main，注意 M 是大写，而且后面的小括号不能省略。Main 方法声明为 public static，除非有特殊理由，一般不要更改 Main 方法的声明。

类中的每一个方法都要有一个返回值，对于没有返回值的方法，必须声明返回值为 void。但是要注意，Main 方法的返回值只能是 void 或者 int。

和C++、Java 一样，C#语言也区分大小写。

1. 命名空间

Microsoft. NET Framework 提供了一千多个类，用于完成各种各样的功能。根据类的功能不同，又把这些类划分到不同的命名空间中。命名空间包含可在程序中使用的类、结构、枚举、委托和接口，一个命名空间又可以包含其他的命名空间。这种划分方法有点类似于文件的保存方式：把文件分类放到不同的文件夹下，而且不同文件夹下的文件名可以相同也可以不同。同样道理，不同命名空间下的类名可以相同也可以不同。注意，命名空间只是一种逻辑上的划分，而不是物理上的存储分类。

如果要调用命名空间下某个类提供的方法，可以使用下面的语法：

命名空间.命名空间……命名空间.类名称.静态方法名(参数,……)；

或者：

命名空间.命名空间……命名空间.实例名称.方法名(参数,……)；

例如：

```
System.Console.WriteLine("Hello World");
```

这条语句使用的命名空间为 System。在 System 命名空间下，有一个 Console 类，该类提供了静态的 WriteLine 方法，此语句调用此方法输出字符串“Hello World”。

显然，每句都加上命名空间太繁琐了。为了快速引用需要的功能，一般在程序的开头引用命名空间来简化代码书写形式。比如，上面的语句，前缀“System.”表示 Console 类在 System 命名空间下，如果在程序的开头写上：

```
using System;
```

那么，语句中就不需要加上命名空间前缀了，而可以直接写为：

```
Console.WriteLine("hello world");
```

表 1-2 列出了.NET 框架中常用的命名空间。

表 1-2 .NET 框架类中常用的命名空间

命名空间	类的描述
System	定义通常使用的数据类型和数据转换的基本.NET 类
System. Collections	定义列表、队列、位数组合字符串表
System. Data	定义 ADO. NET 数据库结构
System. Drawing	提供对基本图形功能的访问
System. IO	允许读写数据流和文件
System. NET	提供对 Windows 网络功能的访问
System. NET. Sockets	提供对 Windows 套接字的访问
System. Runtime. Remoting	提供对 Windows 分布式计算平台的访问
System. Security	提供对 CLR 安全许可系统的访问
System. Text	ASCII、Unicode、UTF-7 和 UTF-8 字符编码处理
System. Threading	多线程编程
System. Timers	在指定的时间间隔引发一个事件
System. Web	浏览器和 Web 服务器功能
System. Windows. Forms	创建使用标准 Windows 图形接口的基于 Windows 的应用程序
System. XML	提供对处理 XML 文档的支持

2.Main 方法

Main 方法是 C# 控制台应用程序或窗口应用程序的入口点。应用程序启动时,C# Main 方法是第一个调用的方法。

Main()方法首字母必须大写,如果首字母小写就会产生编译错误,编译失败。

Main()方法在 C#里非常特殊,它是编译器规定的所有可执行程序的入口点。由于其特殊性,对 Main()方法有以下几条准则:

(1)Main()方法必须封装在类或结构里来提供可执行程序的入口点。C#采用了完全的面向对象的编程方式,但 C#中不可以有像C++那样的全局函数。

(2)Main()方法必须为静态方法(static),这允许 C#不必创建实例对象即可运行程序。

(3)Main()方法的保护级别没有特殊要求, public、protected、private 等都可以,但一般都指定其为 public。

(4)Main()方法名的第一个字母要大写,否则将不具有入口点的语义(C#是大小写敏感的语言)。

(5)Main()方法的参数只有两种形式:无参数和 string 数组表示的命令行参数,即 static void Main()或 static void Main(string[]args) ,后者接受命令行参数。一个 C#程序中只能有一个 Main()函数入口点,其他形式的参数不具有入口点语义。C#不推荐通过其他参数形式重载 Main()函数,这会引起编译警告。

(6)Main()函数返回值只能为 void(无类型)或 int(整数类型)。

3.程序代码注释

在源程序代码中加上注释是优秀编程人员应该养成的好习惯。C＃中添加注释的方法有多种,不过最有特点的是可以使用 XML 的格式添加注释,从而减少了许多复杂的工作,也避免了注释和说明文件不一致的情况。

(1)常规注释方式。

①单行:以"//"符号开始,任何位于"//"符号之后的本行文字都视为注释。

②多行:以"/＊"开始,"＊/"结束。任何介于这两对符号之间的文字都视为注释。

(2) XML 注释方式。

"///"符号是一种特殊的注释方式,只要在用户自定义的类型如类、接口或者类的成员上方,或者命名空间的声明上方加上注释符号"///",系统就会自动生成对应的 XML 标记。例如:

```
/// <summary>
///
/// </summary>
/// <param name="i"></param>
/// <param name="j"></param>
/// <returns></returns>
public int Add(int i,int j)
{
    return i+j;
}
```

注意:*使用 XML 注释方式时,为了让系统自动生成对应的注释标记,应该先编写方法,然后再在方法名的上方输入"///",否则不会自动生成对应的参数注释等标记。*

生成注释标记后,就可以在<summary>和</summary>之间添加方法的描述,在<param>和</param>之间添加参数的描述,在<returns>和</returns>之间添加返回值的描述。以后调用此方法时就可以在键入方法名和参数的过程中直接看到注释的内容,如表1-3所示。

表 1-3 **XML 注释标记**

标签	说明
<code>……</code>	程序代码
<example>……</example>	程序范例
<exception>……</exception>	异常描述
<list type="…">……</list>	添加清单项目
<parm name="name">	描述方法的参数
<para>……</ para >	代表段落
<remark>……</ remark >	描述详细信息
<returns>……</returns>	方法的返回值

（续表）

标签	说明
<seealso cref="member">	参考到其他说明
<permission>……</ permission >	成员的存取权限
<summary>……</ summary >	简短的描述
<value>……</value>	描述属性

1.3.4 断点设置与程序调试

断点是调试器设置源程序在执行过程中自动进入中断模式的一个标记。当程序运行到断点时，程序中断执行，进入调试状态。通过设置断点查找程序运行的逻辑错误，是调试程序常用的技巧。

1.设置和取消断点

在 VS 2010 的源程序编辑界面中，设置和取消断点的方法有下面几种。

方法 1：鼠标单击某代码行左边的灰色区域。单击一次设置断点，再次单击取消断点。

方法 2：鼠标右键单击某代码行，选择【断点】→【插入断点】或者【删除断点】。

方法 3：鼠标单击某代码行，直接按<F9>键设置断点或取消断点。

断点设置成功后，在对应代码行的左边会显示一个红色的实心圆，同时该行代码也突出显示，如图 1-3 所示。

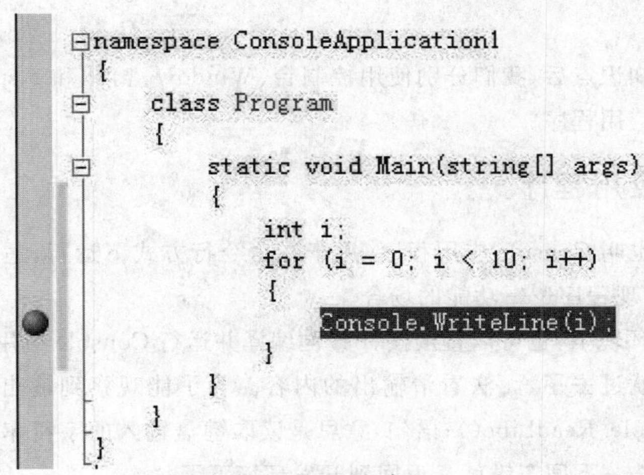

图 1-3 断点

2.利用断点调试程序

设置断点后，即可运行程序。程序执行到断点所在的行，就会中断运行。断点可以有一个，也可以有多个。注意中断后断点所在的行还没有执行。

程序中断后，可以将鼠标放在希望观察的执行过的语句的变量上面，调试器就会自动显示执行到断点时该变量的值。也可以在某个对象上面单击鼠标右键，然后选择【快速监视】，即可观察到对象中各个元素的详细值。【快速监视】窗口如图 1-4 所示。

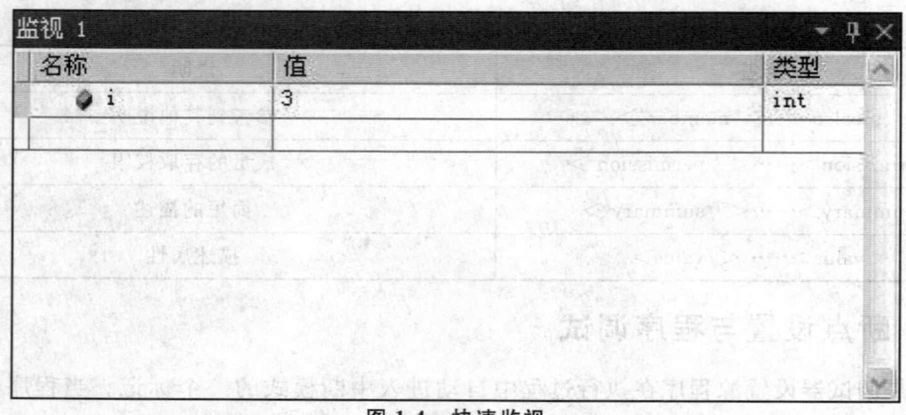

图 1-4 快速监视

观察以后，可以按<F5>键继续执行到下一个断点。

如果大范围调试仍然未找到错误之处，也可以在调试器执行到断点停止后，直接按<F11>键逐语句执行，按一次执行一条语句。

还有一种调试的方法，即按<F10>键“逐过程”执行，它和“逐语句”执行的区别是把一个过程也当做一条语句，不再转入到过程内部。

1.4 任务实施

在学习了前面的知识点后，我们分别使用控制台、Windows 窗体和 Asp. NET 网站三种形式来分别实现第一个应用程序。

1.4.1 控制台应用程序

控制台应用程序也叫 Console 应用程序，用于在命令行方式下运行，适用于对界面设计要求不高、偏重于快速实现程序逻辑功能的场合。

在 VS 2010 开发环境下，也可以直接按〈F5〉键编译并运行 Console 应用程序，但是运行时，读者会发现屏幕一闪就过去了，无法看清输出的内容。为了能观察到输出结果，可以在 Main 方法的最后加上 Console. ReadLine()；语句，意思是读取键盘输入的字符串直到遇到回车键为止，观察输出结果后，按一下回车键就又返回到开发环境下了。

本教材所举的所有控制台应用程序的例子，都可以在程序的最后加上 Console. ReadLine()；语句，并在 VS 2010 开发环境下直接按〈F5〉键编译并运行。

【例 1-1】编写一个控制台应用程序，显示“Hello World”。

(1) 进入 VS 2010 开发环境，选择【新建项目】→【控制台应用程序】，输入项目名 HelloWorld，如图 1-5 所示。

图 1-5 新建控制台项目

(2)单击【确定】按钮，然后将自动生成的文件内容更改为下面的形式。

```
using System;
using System.Collections.Generic;
using System.Text;
namespace HelloWorld
{
    class Program
    {
        static voidMain(string[] args)
        {
            Console.WriteLine("Hello World!");
            Console.ReadLine();
        }
    }
}
```

(3)按〈F5〉键编译并运行应用程序，此时编辑的项目会自动保存，屏幕上自动弹出一个窗口，显示“Hello World!”，按一下〈Enter〉键则又返回到开发环境下，如图 1-6 所示。

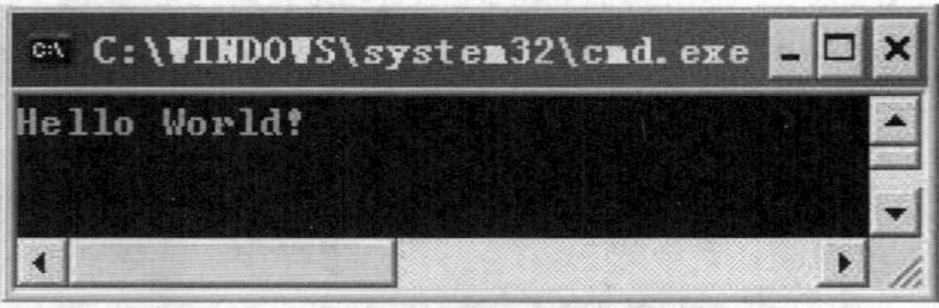

图 1-6 运行结果

1.4.2 Windows 应用程序

开发 Windows 应用程序时,可以不写一行代码就得到一个自动生成的程序,当然功能上只显示一个简单的窗体,然后可以在这个基础上利用开发环境提供的控件方便地加入各种功能。

【例 1-2】用 Windows 应用程序的 Label 控件显示“Hello World”。

(1) 进入 VS 2010 开发环境,选择【新建项目】→【Windows 应用程序】,输入项目名 WindowsApplicationHelloWorld,单击【确定】按钮。

(2) 从【工具箱】中向设计窗体拖放一个 Label 控件,使用默认生成的对象名称“label1”,然后设置其【Text】属性为“Hello World”,设计界面效果如图 1-7 所示。

(3)按〈F5〉键编译并运行应用程序,屏幕上就会弹出一个窗口,并在窗口中显示“Hello World”。

在设计模式下,为了扩大屏幕上被编辑的内容,可以单击【工具箱】右边图钉形状的小图标将其“放倒”,当然也可以重新将其“钉”在屏幕上。

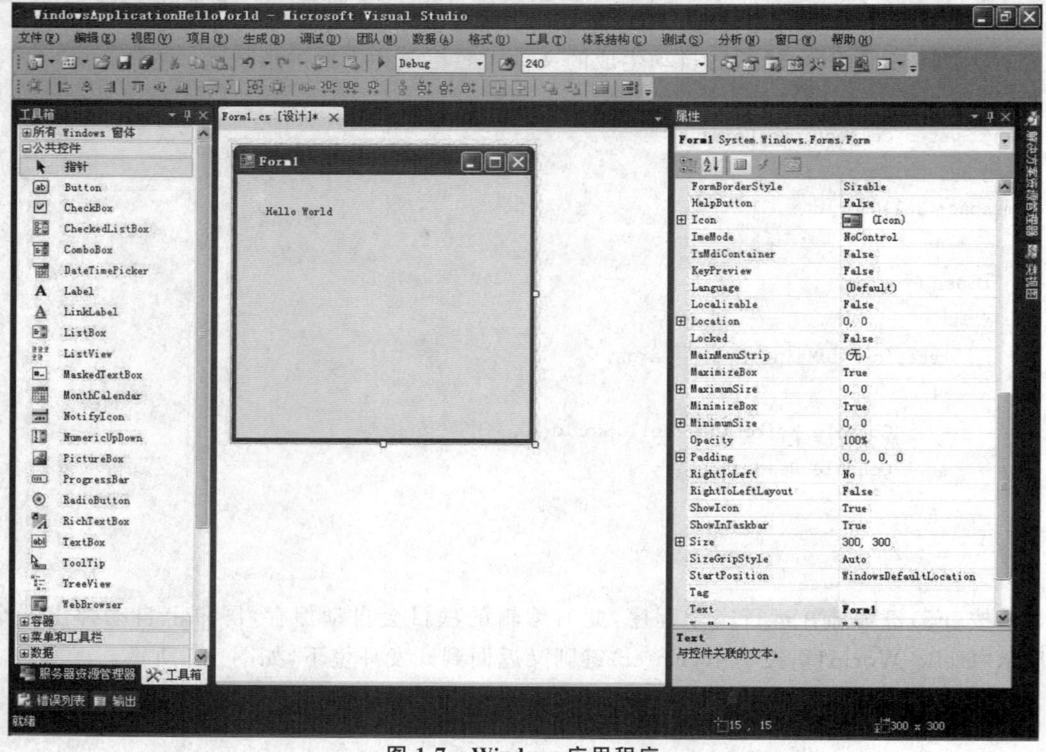

图 1-7 Windows 应用程序

1.4.3　ASP.NET 网站

在 VS 2010 中，可以直接创建 B/S 模式的应用程序，包括 ASP.NET 网站，以及在 Internet 上运行的基于 Web 服务的功能完善的业务处理程序。

【例 1-3】在网页上用 ASP.NET 的 Label 控件显示"Hello World"。

(1) 进入 VS 2010 开发环境，选择【新建网站】→【ASP.NET Web 网站】，修改位置为【文件系统】，并指明要创建的网站保存路径，比如 C:\WebSite1，单击【确定】按钮，就会出现如图 1-8 所示的画面。

(2)切换到设计模式，从【工具箱】中向设计窗体拖放一个 Web 窗体的 Label 控件，设置其【Text】属性为"Hello World"。

(3)单击鼠标右键，在弹出的快捷菜单中选择【在浏览器中查看】，屏幕上就会弹出一个类似于 IE 浏览器的窗口，并在其上面显示"Hello World"。

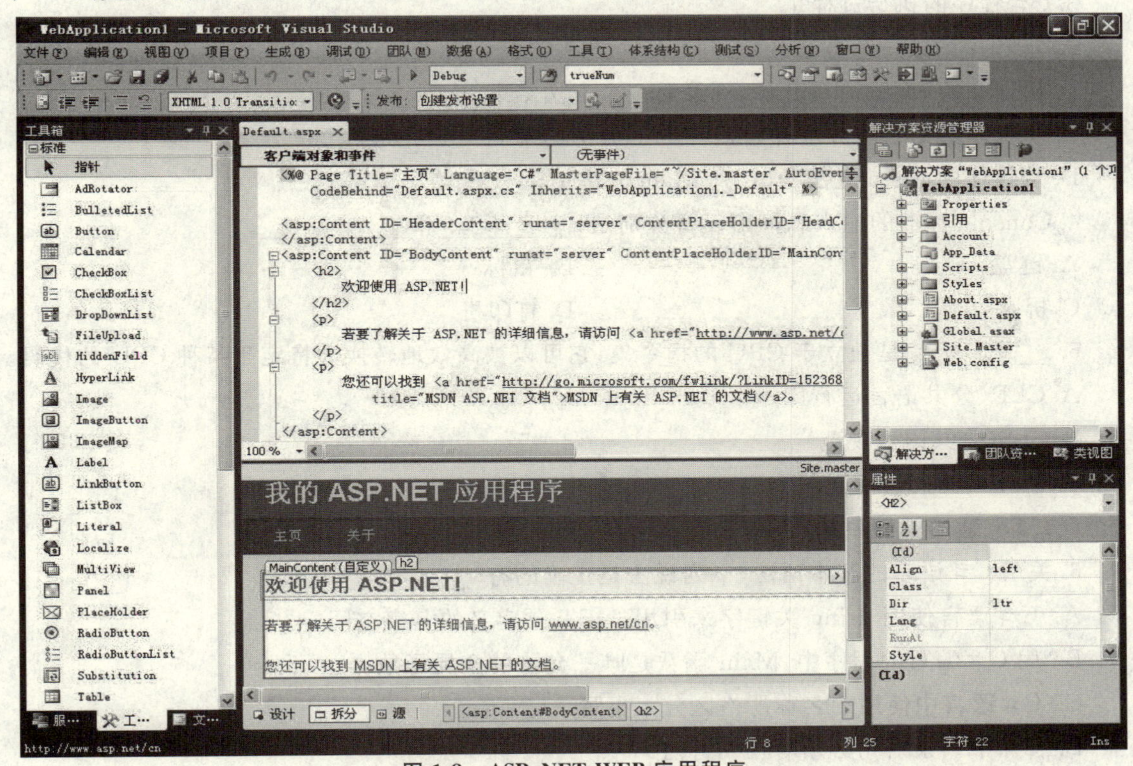

图 1-8　ASP.NET WEB 应用程序

1.5　本章小结

在本章中，首先介绍了 C# 语言的特点和发展简介；对比了 C# 和C++ 及 Java 语言的区别；介绍了 Visual Studio 的集成开发环境；通过一段 C# 程序介绍了它的一般结构；介绍了调试应用程序的常见手段和方法；最后通过三种典型的 C# 应用程序，创建了第一个 C# 应用。

1.6 强化练习

一、选择题

1. 以下不属于.NET 编程语言的是__________。

A. Java　　B. C#

C. VC.NET　　D. VB.NET

2. C#语言经编译后得到的是__________。

A. 扩编指令　　B. 机器指令

C. 本机指令　　D. Microsoft 中间语言指令

3. C#程序的执行过程是__________。

A. 从程序的第一个方法开始，到最后个方法结束

B. 从程序的 Main 方法开始，到最后一个方法结束

C. 从程序的第一个方法开始，到 Main 方法结束

D. 从程序的 Main 方法开始，到 Main 方法结束

4. Console 标准的输入和输出设备分别是__________和__________。

A. 键盘　　B. 鼠标

C. 屏幕　　D. 打印机

5. __________是独立于 CPU 的指令集，它可以被高效地转换为特定于某种 CPU 的代码。

A. CLR(公共语言运行库)

B. CLS(公共语言规范)

C. MSIL(微软中间语言)

D. CTS(通用类型系统)

6. 关于 C#语言的基本语法，下列说法是正确的有__________。

A. C#语言使用 using 关键字来引用.NET 预定义的名字空间

B. 用 C#编写的程序中，Main 函数是唯一允许的全局函数

C. C#语言中使用的名称严格区分大小写

D. C#中一条语句必须写在一行内

7. 在 C#程序中，入口函数的正确声明为__________。

A. static int Main( ){……}

B. static voidMain( ){……}

C. static void main( ){……}

D. static main( ){……}

8. 下面是关于 Main 方法的描述，正确的有__________。

A. 每个 C#程序必须有一个类带有 Main 方法

B. 每个C#程序的可执行起始点在Main中的第一条指令

C. Main必须首字母大写

D. Main的最简单形式如下：

```
static voidMain()
{
}
```

9. 下面是关于空白的描述，正确的有__________。

A. 程序中的空白指的是没有可视化输出的字符

B. 源代码中的空白将被编译器忽略

C. 程序员用空白使代码更清晰易读

D. 空白字符包括空格(Space)、制表符(Tab)、换行符、回车符

10. 下面是关于语句块的描述，正确的有__________。

A. 块是一个由成对大括号包围的0条或多条语句序列，它在语法上相当于一条语句

B. 可以在任何语法上只需要一条语句，而你需要的行为又要求一条以上的简单语句的情况下使用块

C. 有些特定的程序结构只能使用块。在这些结构中，不能用简单语句替代块

D. 简单语句以分号结束，但块后面不跟分号。(虽然编译器允许这样，但这不是好的风格)

11. 下面是关于Write和WriteLine语句的描述，正确的有__________。

A. Write语句和WriteLine语句的常规形式中可以有一个以上的参数

B. 如果不只一个参数，参数间用逗号分隔

C. 第一个参数必须总是字符串，称为格式字符串

D. 格式字符串可以包含替代标记

E. 紧跟着格式字符串的参数称为替换值，这些替换值从0开始编号

12. 下面是关于方法的描述，正确的有__________。

A. 方法是具有名称的可执行代码块

B. 方法可以从程序的很多不同地方执行，甚至从其他程序中执行

C. 当方法被调用时，它执行自己所含的代码，然后返回到调用它的代码位置

D. 有些方法返回一个值到它们被调用的位置

13. 下列各选项中，__________选项不是.NET Framework的组成部分。

A. 应用程序开发程序

B. 公共语言规范和.NET Framework类库

C. 语言编辑器

D. JIT编辑器和应用程序执行管理

14. 下面对程序集和命名空间说法正确的是__________。

A. 一个程序集只能引用一个命名空间

B. 一个程序集可以引用多个命名空间，一个命名空间也可以保存在多个程序集中

C. 一个程序集可以引用多个命名空间，但一个命名空间只能保存在一个程序集中

D. 一个命名空间可以保存在多个程序集中，命名空间无法包含另外的命名空间

15. 在 Visual Studio. NET 窗口中，在＿＿＿＿＿＿窗口中可以察看当前项目的类和类型的层次信息。

A. 解决方案资源管理器

B. 类视图

C. 资源视图

D. 属性

二、问答题

1. C#语言的优点是什么？

2. 在 VisualStudio 开发环境下可以开发哪几种类型的应用程序？

第 2 章 基本数据类型与表达式

本章主要介绍 C# 程序的语言基础知识，包括数据类型、变量、常量、表达式等。这些概念是各种高级语言所共有的基础，是编写 C# 程序的前提条件。

2.1 任务导引——求圆形的周长、面积和球的体积

问题：编写一个程序，要求输入一个数，计算以该值为半径构成的圆的周长、圆的面积和球的体积。程序运行结果如图 2-1 所示。

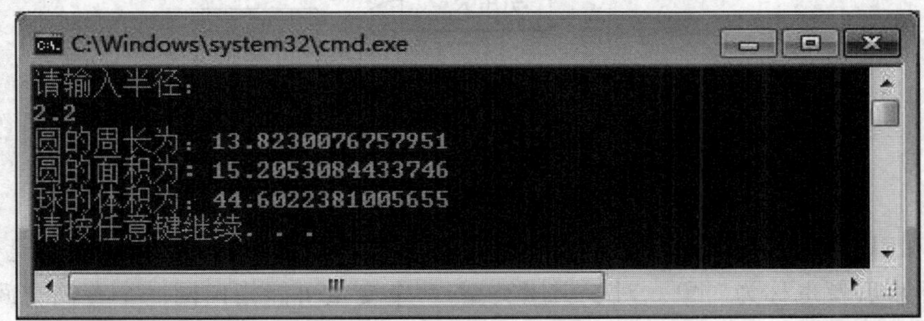

图 2-1 程序运行结果

2.2 任务分析

要解决该问题，我们需要知道 C# 中如何实现数据类型、为实现数学运算 C# 提供的数学常量 PI(π)、C# 实现基本运算提供的运算符以及 C# 数据的输入和输出语句。

2.3 技术准备

2.3.1 C# 的数据类型

现实社会中我们知道，装台式机的箱子一定是比装笔记本电脑的箱子大。在程序设计语言

中，台式机和笔记本电脑都可以认为是数据，数据是程序的必要组成部分，也是程序处理的对象。不同的数据需要在内存中为其分配不同大小的存储空间，数据使用多少内存空间是由数据类型决定。

C＃的数据类型从C＋＋发展而来，基本上保留了C＋＋中除指针外的所有数据类型，同时又吸收了 VB 和 Java 中的一些数据类型。C＃的数据类型可以分为值类型、引用类型，如图 2-2 所示。

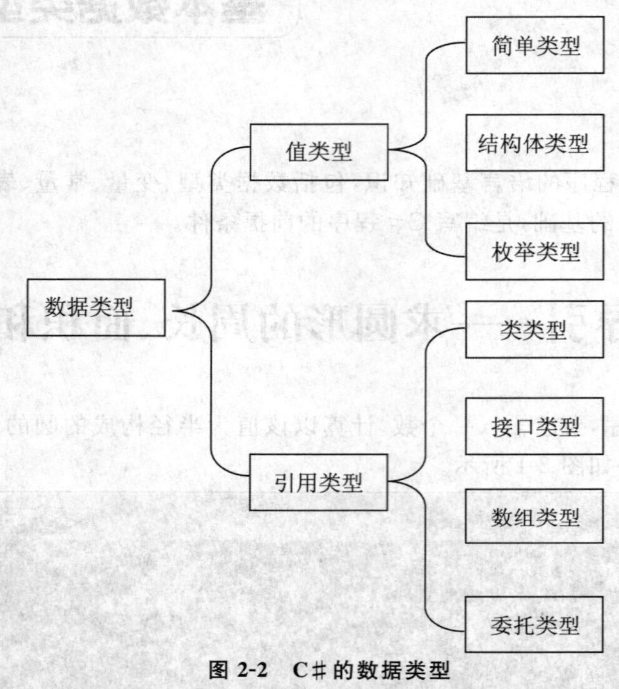

图 2-2　C＃的数据类型

值类型和引用类型区别在于，值类型的变量直接包含数据，而引用类型的变量存储对数据的引用（地址），后者也称为对象。对于引用类型，两个变量可能指向同一个存储空间，一个变量的改变同时会影响到另一个变量。对于值类型，每个变量分别指向不同的地址，一个变量的改变不会影响另一个变量。

C＃提供的值类型和引用类型具有共同的始祖 object，每个类型不论是 C＃提供的还是自定义的，都直接或间接从 object 类派生，object 是所有类的基类。值类型和引用类型通过 object 可以进行转换，这个过程称为装箱/拆箱。

2.3.2　C＃的简单数据类型

C＃的简单数据类型包括整型类型、字符类型、布尔数据类型、实数类型、小数类型。

1．整型数据类型

C＃中一共有 8 种整型数据类型，分别为有符号字节型、无符号字节型、有符号短整型、无符号短整型、有符号整型、无符号整型、有符号长整型和无符号长整型，如表 2-1 所示。

表 2-1　整型数据类型

类型名	类型说明符	所占字节数	取值范围
无符号字节型	byte	1	0～255
有符号字节型	sbyte	1	－128～127
无符号短整型	ushort	2	0～65535
有符号短整型	short	2	－32768～32767
无符号整型	uint	4	0～ 4294967295
有符号整型	int	4	－2147483648～2147483647
无符号长整型	ulong	8	0～18446744073709551615
有符号长整型	long	8	－9223372036854775808～9223372036854775807

2．字符数据类型

字符型数据用来表示单个字符，其表示的字符是 Unicode 大字符集中的一个字符，这种字符集几乎涵盖了当今世界上所有的文字，它的类型说明符为 char。C＃的字符型数据也是用单引号引起的单个字符。C＃的字符类型有以下特点：

(1)每个字符占 2 个字节。

(2)C＃中的字符型与整型之间不能再像 C/C＋＋中自动转换。以下语句在 C＃中不合法：

```
char c=13;
```

不过用户依旧可以将一个整型数显式地转换为一个字符数据类型，然后赋值给字符变量如下：

```
char c=(char)13;
```

与 C/C＋＋一样，在 C＃中依旧可以使用转义字符来表示特殊的控制字符，转义字符如表 2-2 所示。

表 2-2　转义字符

转义字符	含义	转义字符	含义
\'	单引号	\b	退格
\"	双引号	\n	换行
\\	反斜杠	\r	回车
\t	水平制表符	\a	警告(产生蜂鸣)
\v	垂直制表符		

3．布尔数据类型

布尔类型(bool)只含有两个数值：true 和 false。

与 C/C＋＋不同，布尔型数据不再是整型，整型数也不能赋值给布尔型变量。

4．实数类型

实数类型又称浮点型。C＃中的浮点型包含单精度浮点型(float)和双精度浮点型(double)两种。

单精度浮点型取值范围为－3.4×1038～－1.5×10－45及1.5×10－45～3.4×1038，精度为7位数。

双精度浮点型取值范围为－1.7×10308～－5.0×10－324及5.0×10－324～1.7×10308，精度为15～16位数。

使用实数类型，需注意以下几个问题：

(1)存在正0和负0。

(2)存在正无穷大和负无穷大，一般产生在除数为0的情况下。例如，1.2/0.0的结果是正无空大，－1.2/0.0的结果为负无空大。

(3)存在非数字值(Not-a-Number，NaN)。当出现0.0/0.0这种非法运算的时候就会出现非数字值。

(4)对于浮点运算，如果运算结果的绝对值在精度范围内小到一定程度，系统就会当做0值处理(＋0或－0)。

需要注意的是，一个实数常量，在C＃中默认的类型为double，而double类型到float类型之间不存在隐性转换，下列语句是错误的：

```
float f1＝2.5;
```

若在实数常量后加上一个字符f或(F)，则表示它为float型，则下列语句都是正确的：

```
float f2＝2.5F;
float f3＝(float)2.5;
```

5. 小数类型

小数类型又称十进制类型，其类型说明符为decimal，主要用于金融领域，又称金融类型，其表示的值的范围是1.0×10^{-28}～7.9×10^{28}，比float类型小，但是其精确度却可以达到28～29位。

在十进制类型数据的后面加上“m”，表示该数据是小数类型，如0.1m、123.9m等。

2.3.3 C＃代码书写规范

1. 标识符

在程序中会用到各种对象，如符号常量、变量、数组、函数和类型等，为了识别这些对象，必须给每一个对象一个名称，这样的名称称为标识符。标识符是用户定义的一种字符序列。

在C＃中定义标识符时，必须符合以下命名规则。

(1)标识符必须是由字母、数字、下划线组成的一串符号，且必须以字母或下划线开头。

(2)由于标识符代表对象的名称，所以用户在选取标识符时应选取有意义的字符序列，以便在程序中能从标识符看出所标识的对象，从而便于阅读和记忆。

(3)用户定义的标识符不能与C＃语言的关键字同名。

在C＃语言中，某些英文单词系统已给它们赋予了一定的含义，不能再做他用，称为关键字或保留字。关键字主要用于构成语句、进行数据类型和存储类型的说明等。

2. 注释

C＃中可以采用三种注释方式。

(1)// 用于注释单行。

(2)/＊ …… ＊/用于注释代码段，从/＊开始到＊/结束，且注释不能相互嵌套。

(3)/// 是C＃特有的文档注释标记，一般用于类、方法前，指示其成员或功能。

2.3.4　常量与变量

1. 常量

常量又叫常数，是指在程序运行过程中其值不改变的量。常量也有数据类型，在 C# 语言中，常量的数据类型有多种，分别是：sbyte、byte、short、ushort、int、uint、long、ulong、char、float、double、decimal、bool、string 等。常量不需要事先定义，只要在程序中需要的地方直接写出该常量即可。常量的类型也不需要事先说明，它们的类型是由书写方法自行默认的。C# 语言中还可以声明一个或多个给定类型的常量，称为符号常量，符号常量在使用之前必须定义。符号常量声明的格式如下：

常量修饰符　const　类型说明符　常量名=常量表达式；

声明一个名为"常量名"的常量，该常量名与"常量表达式"是等价的。

常量通常定义在类的里面，作为类的成员，"常量修饰符"用来控制常量的可访问性，有 private、public、protected、internal 等，若缺省则默认为 private。

例如：

```
public const int  A=1,B=3;
```

与 C/C++类似，在 C# 中，一个常量可以依赖于另一个符号常量，但不能形成循环依赖，例如：

```
class ConstExample
{
    public const int A=1;
    public const int B=A+2;
}
```

【例 2-1】常量用法示例。

```
using System;
using System.Collections.Generic;
using System.Linq;
using System.Text;

namespace _2_1
{
    class Program
    {
        public const int A=1;
        public const int B=A * 4+A * 3;
        static voidMain(string[] args)
        {
            Console.WriteLine("A={0},B={1}", Program.A, Program.B);
        }
    }
}
```

本题在类 ConstExample 中定义了两个常量 A 和 B，它们之间不存在相互依赖的关系，常量是静态的，可以直接访问，所以最后输出的结果是 1 和 7。程序运行结果如图 2-3 所示。

图 2-3 程序运行结果

2.变量

(1)变量的含义及其定义。

变量是指在程序运行过程中其值可以发生变化的量。变量通常用来保存程序运行过程中输入数据、计算获得的中间结果和最终结果。变量的命名规则必须符合标识符的命名规则，并且变量名尽量要有意思，以便阅读。为便于和 C#语言系统使用的变量进行区别，用户自己定义的变量尽量不要用"-"开头。

C#语言中的变量是存在于内存中的，当程序运行时，每个变量都要占用连续的若干个字节。变量所占用的字节数由变量的数据类型决定，如 char 型变量占 2 个字节，int 型变量占 4 个字节等。在主存中每个字节均有地址，无论变量占几个字节，都把第 1 个字节的地址称为变量的地址。在计算机中，变量名代表存储地址，变量的类型决定了存储在变量中的数据的类型。每个变量的值都可以通过赋值改变。

定义变量的一般格式如下：

变量修饰符　类型说明符 变量名 1=初值 1,变量名 2=初值 2,…;

定义若干个变量，变量名由"变量名 1"、"变量名 2"等指定，变量的数据类型由"类型说明符"指定，简单变量的类型说明符有 sbyte、byte、short、ushort、int、uint、long、ulong、char、float、double、decimal、bool、string 等。在定义变量的时候，可以给变量赋初值，初值由"初值 1"、"初值 2"等确定。

例如，有以下变量定义语句：

```
private static int gz=65;
public double jj=76.8;
```

(2)静态变量和实例变量。

声明变量时，使用 static 关键字声明的变量为静态变量。静态变量只需创建一次，在后面的程序中就可以多次引用。静态变量的初始值就是该变量类型的默认值。

实例变量是指在声明变量时没有使用 static 变量说明符的变量，也称普通变量。实例对象在指定的对象中被声明并分配空间，如果实例变量所在的对象被撤销了，该变量也就从内存中被清除了。

【例 2-2】变量用法示例。

```
using System;
using System.Collections.Generic;
using System.Linq;
```

```
using System.Text;

namespace _2_2
{
    class StaticClass   //定义类
    {
        public static int a1=30;  //定义静态变量,由类名访问
        public int a2=50;//定义实例变量,每创建一个实例时,均创建一个变量,由对象名访问
    }
    class Program
    {
        public static voidMain()
        {
            StaticClass A=new StaticClass();
            StaticClass B=new StaticClass();
            StaticClass.a1=StaticClass.a1+50;
            A.a2=A.a2+10;
            StaticClass.a1=StaticClass.a1+20;
            B.a2=B.a2+20;
            Console.WriteLine(StaticClass.a1);
            Console.WriteLine(B.a2);


        }
    }
}
```

在本例中的 StaticClass　类中定义个一个静态变量 a1 和一个普通变量 a2,在 Main()方法中根据 StaticClass 类创建了两个类的实例对象 A 和 B,那么 a1 变量被对象 A 和 B 共享,只能通过类名访问。而 a2 则属于单独的对象,即 A 和 B 都有各自的 a2,两个 a2 是不同的变量,只能通过对象名进行访问。

程序运行结果如图 2-4 所示。

图 2-4　程序运行结果

(3)局部变量。

局部变量是临时变量,它只是在定义它的块内起作用。所谓块是指大括号"{"和"}"之间的所有内容。块内可以是单条语句,也可以是多条语句或者空语句。

局部变量从被声明的位置开始起作用，当块结束时，局部变量也会随着消失。

使用局部变量需注意初始化问题，局部变量需要人工赋值后才能使用。

【例 2-3】局部变量用法示例。

```
using System;
using System.Collections.Generic;
using System.Linq;
using System.Text;

namespace _2_3
{
    class Program
    {
        public static void Fun()
        {
            int i=50, k;
            k=i * 2;
            Console.WriteLine("i={0},k={1}", i, k);
        }
        public static voidMain()
        {
            Fun();
            Console.WriteLine("i={0},k={0}", i, k);
        }
    }
}
```

本例在 LocalExample 方法中定义的变量 i 和 k 是局部变量，只能在该方法中使用。在 Main()中试图使用 i 和 k，将会出现错误，如图 2-5 所示。

1	当前上下文中不存在名称"i"
2	当前上下文中不存在名称"k"

图 2-5 程序编译错误

2.3.5 运算符与表达式

1. 运算符与表达式概述

(1)运算符和表达式的概念。

C＃中各种运算是用符号来表示的，用来表示运算的符号称为运算符。用运算符把运算对象连接起来的有意义的式子称为表达式，每个表达式的运算结果是一个值。根据运算符的运算对象和运算结果的特点，可把运算符分成算术运算符、关系运算符、逻辑运算符、位运算符、赋值运算符、条件运算符和其他运算符等若干类，表达式也相应地分成若干类。

(2)运算对象和运算符的“目”。

运算符必须有运算对象，根据运算对象的多少可以把运算符分成单目运算符、双目运算符和三目运算符。

只有一个运算对象的运算符称为单目运算符。有两个运算对象的运算符称为双目运算符。有三个运算对象的运算符称为三目运算符。C＃中只有一个三目运算符是条件运算符(?：　)，其形式为：

表达式 1? 表达式 2:表达式 3;

(3)运算符的优先级和结合性。

计算下面的表达式：

3＋5＊2

大家都知道先算“＊”号再算“＋”号。其实这里就涉及运算符的优先级问题，即当表达式中出现多个运算符，计算表达式值时，必须决定运算符的运算次序，我们把这个问题称为运算符的优先级。

有如下表达式：

b＊(a－c)

该表达式应先算括号内的“a－c”，然后再用 b 乘上“a－c”的运算结果。当在一个表达式中出现多个同级别的运算符时，应先算谁呢？这就涉及运算符的结合性。接下来，我们结合具体运算符来讲解。

2.算术运算符与算术表达式

算术运算符对数值型运算对象进行运算，运算结果也是数值型。用算术运算符把数值量连接在一起的符合 C＃语法的表达式称为算术表达式。算术运算符可分成基本算术运算符和增 1 减 1 运算符两类，如表 2-3 所示。

表 2-3　　算术运算符

类别	运算符	说明	表达式	结果
算数运算符	＋	用于执行加法运算	1＋2	3
	－	执行减法运算	5－3	2
	＊	执行乘法运算	2＊3	6
	/	执行除法运算取商	6/2	3
	%	获得除法运算的余数	7%5	2
	＋＋	操作数加 1	i＝3;　j＝i＋＋;	运算后，i 的值是 4，j 的值是 3
			i＝3;　j＝＋＋i;	运算后，i 的值是 4，j 的值是 4
	－－	操作数减 1	i＝3;　j＝i－－;	运算后，i 的值是 2，j 的值是 3
			i＝3;　j＝－－i;	运算后，i 的值是 2，j 的值是 2

基本算术运算符对数据进行简单的算术运算。使用基本算术运算符时，需注意以下几点：

(1)对于“/”运算符，不同的运算对象的运算结果是不一样的。若运算对象中有实数，则运算结果是双精度数；如果运算对象均是整数，则运算结果也是整数。

(2)求余运算符“%”要求参与运算的运算对象必须是整数型。

(3)双目基本运算符中：“*”、“/”和“%”是同一优先级，“+”和“-”是同一优先级，“*”、“/”和“%”优于“+”和“-”。它们的结合性是自左向右的。

(4)增 1(++)减 1(--)运算符的作用是使变量的值加 1 或减 1。

【例 2-4】 分析程序运行结果。

```
using System;
using System.Collections.Generic;
using System.Linq;
using System.Text;

namespace _2_4
{
    class Program
    {
        public static voidMain(string[] args)
        {
            int a=5+4;//a=9
            int b=2 * a;
            int c=b / 4;
            int d=b -c;
            int e=-a;
            int f=e % 4;
            double g=19.3;
            double h=g % 3;
            int i=3;
            int j=i++;
            int k=++i;
            Console.WriteLine("a="+a);
            Console.WriteLine("b="+b);
            Console.WriteLine("c="+c);
            Console.WriteLine("d="+d);
            Console.WriteLine("e="+e);
            Console.WriteLine("f="+f);
            Console.WriteLine("g="+g);
            Console.WriteLine("h="+h);
            Console.WriteLine("i="+i);
            Console.WriteLine("j="+j);
            Console.WriteLine("k="+k);
        }
    }
}
```

程序运行结果如图 2-6 所示。

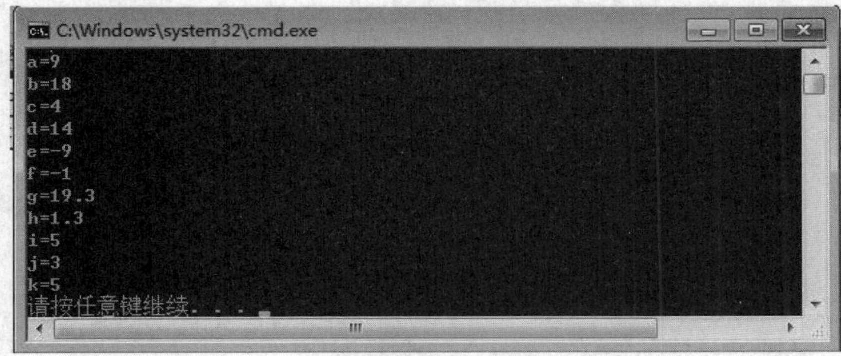

图 2-6　程序运行结果

3.关系运算符与关系表达式

在 C# 中,用关系运算符来比较数据的大小关系,用关系运算符把运算量连接起来的符合 C# 语法的式子称为关系表达式。在 C# 中“真”和“假”为逻辑量,分别用 true 和 false 表示,关系运算符如表 2-4 所示。

表 2-4　关系运算符

类别	运算符	说明	表达式	结果
关系运算符	＞	检查一个数是否大于另一个数	6＞5	true
	＜	检查一个数是否小于另一个数	6＜5	false
	＞＝	检查一个数是否大于等于另一个数	6＞＝4	true
	＜＝	检查一个数是否小于等于另一个数	6＜＝4	false
	＝＝	检查两个数是否相等	"ab"＝"ab"	true
	！＝	检查两个数是否不等	5！＝6	true

关系运算符均是双目运算符,它们的优先级和结合性如下:

优先级:

(1)算术运算符优于关系运算符。

(2)＜ 、＜＝ 、＞ 、＞＝ 优于 ＝＝ 、！＝。

结合性:

＜ 、＜＝ 、＞ 、＞＝等运算符同级,结合性自左向右;＝＝、！＝等运算符同级,结合性自左向右。

【例 2-5】　分析程序运行结果。

```
using System;
using System.Collections.Generic;
using System.Linq;
using System.Text;

namespace _2_5
```

```
{
    class Program
    {
        public static voidMain()
        {
            int i=1, j=7;
            char c1= 'A', c2 ='a';
            string s1="abc", s2="Abc";
            Console.WriteLine("{0},{1},{2}", i > j, i >= j, i <= j);
            Console.WriteLine("{0},{1},{2}", c1 > c2, c1 >= c2, c1 <= c2);
            Console.WriteLine("{0}", s1 == s2);
        }
    }
}
```

程序运行结果如图 2-7 所示。

图 2-7 程序运行结果

注意:字符比较相当于比较它们的 unicode 代码(普通字符相当于比较 ASCII 码),实际上也是数值比较。

4. 逻辑运算符与逻辑表达式

在 C# 中,用逻辑运算符来表示复合条件,用逻辑运算符把运算对象连接起来的符合 C# 语法的式子称为逻辑表达式。在 C# 语言中,逻辑运算符的运算对象是逻辑量(true 和 false),逻辑运算符如表 2-5 所示,逻辑运算符的运算规则如表 2-6 所示。

表 2-5 逻辑运算符

类别	运算符	说明	表达式	结果
逻辑运算符	&&	执行逻辑运算,检查两个表达式是否为真	int a=5; (a<10&&A>5)	false
	||	执行逻辑运算,检查两个表达式是否至少有一个为真	int a=5;(a<10||A>5)	true
	!	执行逻辑运算,检查特定表达式取反后是否为真	bool result=true;! result;	false

表 2-6　逻辑运算符的运算规则

a	b	a&&b	a||b	!a
true	true	true	true	false
true	false	false	true	false
false	true	false	true	true
false	false	false	false	true

逻辑运算符的优先级和结合性如下：

优先级：

(1)逻辑非(!)是单目运算符，优于双目运算符。

(2)逻辑与(&&)和逻辑或(||)是双目运算符，其优先级如下：

双目算术运算符优于关系运算符优于 && 优于||。

结合性：

(1)逻辑非！和单目算术运算符是同级的，结合性自右向左。

(2)逻辑与(&&)和逻辑或(||)是双目运算符，其结合性是自左向右。

【例 2-6】分析程序运行结果。

```
using System;
using System.Collections.Generic;
using System.Linq;
using System.Text;

namespace _2_6
{
    class Program
    {
        public static voidMain()
        {
            int x=3, y=5, a=2, b=-3;
            Console.WriteLine("a>b && x<y={0}", a > b && x < y);
            Console.WriteLine("! (a>b) && ! (x>y)={0}", ! (a > b) && ! (x > y));
            Console.WriteLine("! (a>x) || ! (b < y)={0}", ! (a > x) || ! (b < y));
        }
    }
}
```

程序运行结果如图 2-8 所示。

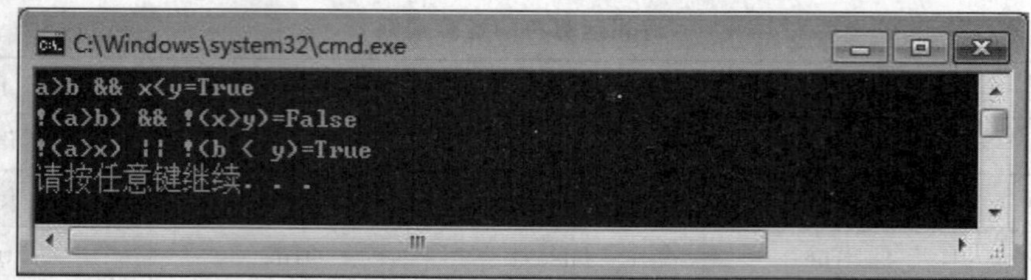

图 2-8 程序运行结果

5. 位运算符与位运算表达式

位运算符用来对操作数进行位运算，其运算对象是整型和字符型。位运算时应把运算对象看做二进制位的组合，并且应当根据二进制补码进行运算。位运算符包括两类：位逻辑运算符和位移位运算符。

(1)位逻辑运算符。

①位与运算符(&)：参加运算的两个位都为 1，则结果为 1，否则结果为 0。

②位或运算符(|)：参加运算的两个位只有一个为 1，则结果为 1，否则结果为 0。

③异或运算符(^)：参加运算的两个位都为 1，则结果为 0，否则结果为 1。

④取反运算符(~)：用来对一个二进制数按位取反。~运算符的优先级比双目运算符和三目运算符高。

(2)位移位运算符。

①左移运算符(<<)：其作用是将一个数的二进制位左移若干位。高位溢出，舍弃不用。

②右移运算符(>>)：其作用是将一个数的二进制位右移若干位。移出的位被舍弃，对于无符号数高位补 0。

位运算符在表达式中的优先级可概括成如下几点：

①取反运算符为单目运算符，优于所有的双目运算符和三目运算符。

②位移位运算符优先级相同，比算术运算符的优先级低，比关系运算符的优先级高。

③位逻辑运算符的优先级比关系运算符的优先级低，比逻辑运算符的优先级高。

④三个位逻辑运算符的优先次序为：& 优于 ^ 优于 |。

【例 2-7】分析程序运行结果。

```
using System;
using System.Collections.Generic;
using System.Linq;
using System.Text;

namespace _2_7
{
    class Program
    {
        public static voidMain()
        {
            char y, x;
            x=(char)0x5e; y=(char)0xbc;
            Console.WriteLine("x&y={0}", x & y);
            Console.WriteLine("x|y={0}", x | y);
            Console.WriteLine("x^y={0}", x ^ y);
```

```
            Console.WriteLine("x>>2={0}", x >> 2);
            Console.WriteLine("x<<2={0}", x << 2);
        }
    }
}
```

程序运行结果如图 2-9 所示。

图 2-9　程序运行结果

程序中，首先将 0x5e 和 0xbc 转换成二进制，分别是 0000 0000 0101 1110 和 0000 0000 1011 1100，将这两个数分别进行"&"，"|"，"^"运算，得到的结果分别是 0000 0000 0001 1100，0000 0000 1111 1110，0000 0000 1110 0010，对应的十进制分别为 28、254 和 226。X 右移位 2 位和左移位 2 位后的值为 0000 0000 0001 0111、0000 0001 0111 1000，对应的十进制数为 23 和 376。

6．赋值运算符与赋值表达式

所谓赋值是指将一个表达式值赋给变量。赋值运算符分为三类，分别是：基本赋值运算符、算术自反赋值运算符和位自反赋值运算符。

赋值运算符用来给变量赋值，是双目运算符，左边为一个变量，右边是一个常量、变量或表达式。赋值运算符的作用是先计算出赋值运算符右边表达式的值，再把值赋值左边的变量。给变量赋值的式子也是一个表达式，称为赋值表达式，赋值表达式的值就是给变量赋的值，赋值运算符如表 2-7 所示。

表 2-7　赋值运算符

类别	运算符	说明	表达式	结果
赋值运算符	=	给变量赋值	Int a,b;a=1;b=a;	运算后，b 的值为 1
	+=	操作数 1 与操作数 2 相加后赋值给操作数 1	Int a,b;a=2;b=3; b+=a;	运算后，b 的值为 5
	-+	操作数 1 与操作数 2 相减后赋值给操作数 1	Int a,b;a=2;b=3; b-=a;	运算后，b 的值为 1
	*=	操作数 1 与操作数 2 相乘后赋值给操作数 1	Int a,b;a=2;b=3; b*=a;	运算后，b 的值为 6
	/=	操作数 1 与操作数 2 相除后赋值给操作数 1	Int a,b;a=2;b=6; b/=a;	运算后，b 的值为 3
	%=	操作数 1 与操作数 2 相除取余赋值给操作数 1	Int a,b;a=2;b=7; b%=a;	运算后，b 的值为 1

赋值运算符的优先级与结合性如下：优先级：在 C# 语言中，所有的赋值和自反赋值运算符

的优先级都是一样的，比所有的其他运算符的优先级都低，是优先级最低的运算符。

结合性：赋值和自反赋值运算符的结合性是自右向左。

7. 条件运算符与条件表达式

条件运算符是C#语言中唯一的一个三目运算符，它由“?”和“:”两个符号组成，它的三个对象都是表达式。其一般形式如下：

表达式1? 表达式2:表达式3

条件运算符的优先级和结合性如下：

优先级：仅优于赋值运算符。

结合性：自右向左。

例如，有下面的程序段：

```
x=5;y=8;
m=x>y? x:y;
```

由于x>y的值为false，故条件表达式的值为y，即8，把8赋给m，m的值为8。

8. 运算符的优先级

当一个表达式包含多个运算符时，这些运算符的优先级控制各运算符的计算顺序，表2-8列出了C#运算符的优先顺序。大体上，从高到低为：一元运算符、算术运算符、关系运算符、逻辑运算符和赋值运算符。

表2-8 运算符优先级(优先级从高到低)

类别	运算符
基本	()、++、--、new、typeof、checked、unchecked
一元	+(正号)、-(负号)、!、~、(T)x(强制类型转换)
乘除	*、/、%
加减	+、-
移位	<<、>>
关系	<、>、<=、>=、is、as
相等	==、!=
逻辑 AND	&
逻辑 XOR	^
赋值	=、*=、/=、%=、+=、-=、<<=、>>=、&=、^=、|=

当操作数出现具有相同优先级的两个运算符之间时，运算符的结合性控制运算的执行顺序。

除赋值运算符外，所有的二元运算符都是左结合的，从左向右执行运算。

赋值运算符和条件运算符是右结合的，从右向左执行运算。

在表达式中，()的优先级最高，括号内的表达式首先执行运算，利用括号还可以使表达式的结构更加清晰，例如：

```
a>=b&&c<d||e==f
```

可以用括号写成：

```
((a>=b) && (c<d)) || (e==f)
```

这样可以清楚地表明运算的顺序，程序的可读性更强。

2.3.6　结构与枚举

上一节介绍的C＃值类型都是常用的简单类型，除此之外，还有两种高级的值类型，即结构和枚举。

1．结构

结构是一种可以包含数据成员和函数成员的值类型数据结构，结构类型使用 struct 关键字声明，声明格式如下：

```
【修饰符】struct 结构体名
{
    结构体；
}
```

访问修饰符是可选的，包括 private、public、protected 等，关键字 struct 和结构体名是必需的，结构体是必需的，结构体代码包含在一对大括号之间。

C＃结构体名是一种标识符，应该符合标识符的命名规则。结构体名最好能体现结构的含义和用途。

【例 2-8】结构体程序示例。

```
using System;
using System.Collections.Generic;
using System.Linq;
using System.Text;

namespace _2_8
{
    public struct student
    {
        public string name;
        public int age;
    }
    class Program
    {
        public static voidMain()
        {
            student stu=new student();
            stu.age=19;
            stu.name="王小山";
            Console.WriteLine("学生姓名:{0},学生年龄:{1}",stu.name,stu.age);
        }
    }
}
```

程序运行结果如图 2-10 所示。

图 2-10 程序运行结果

2. 枚举

枚举类型是一种独特的值类型,用于声明一组命名的常量。使用枚举的意义包括：

(1)枚举增加了程序的可读性和可维护性。

(2)枚举是强类型的,可以避免类型错误。

枚举声明格式如下：

```
【修饰符】enum 枚举名:【基础类型】
{
    枚举体;
}
```

基础类型必须能够表示该枚举中定义的所有枚举数值。枚举声明可以显式地声明 byte、sbyte、short、ushort、int、uint、long 或 ulong 类型作为对应的基础类型。没有显式地声明基础类型的枚举声明意味着所对应的基础类型是 int。

在枚举类型中声明的第一个枚举成员的默认值为零。以后的枚举成员值是将前一个枚举成员(按照文本顺序)的值加 1 得到的。这样增加后的值必须在该基础类型可表示的值的范围内;否则,会出现编译时错误。

```
public enum TimeofDay : uint
{
    Morning,
    Afternoon,
    Evening
}
```

Morning 的值为 0,Afternoon 的值为 1,Evening 的值为 2。没有显示赋值的枚举成员的值,总是前一个枚举成员的值+1。

```
public enum Number { a=1,b,c=10, d }
```

b 的值为 2,d 的值为 11。

【例 2-9】枚举类型示例。

```
using System;
using System.Collections.Generic;
using System.Linq;
using System.Text;

namespace _2_3
```

```
{
    public enum TimeofDay
    {
        Morning,
        Afternoon,
        Evening
    }
    class Program
    {
        static void WriteGreeting(TimeofDay timeofDay)
        {
            switch (timeofDay)
            {
                case TimeofDay.Morning:
                    Console.WriteLine("good morning");
                    break;
                case TimeofDay.Afternoon:
                    Console.WriteLine("good afternoon");
                    break;
                case TimeofDay.Evening:
                    Console.WriteLine("good evening");
                    break;
            }
        }
        public static voidMain()
        {
            WriteGreeting(TimeofDay.Morning);
            WriteGreeting(TimeofDay.Evening);
            WriteGreeting(TimeofDay.Afternoon);
        }
    }
}
```

程序运行结果如图 2-11 所示。

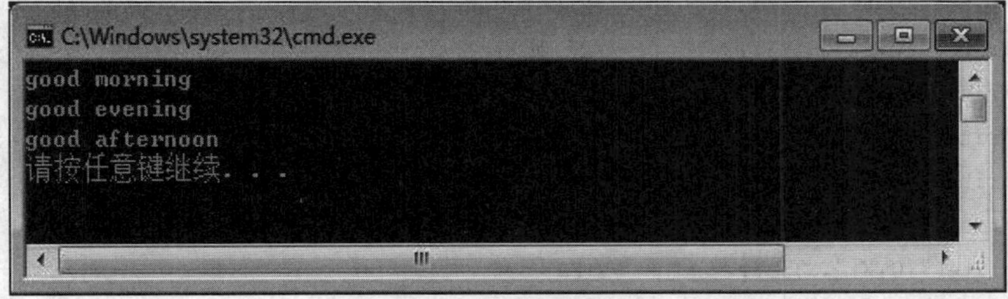

图 2-11　程序运行结果

2.3.7 三个常用的框架类

Console 类、Convert 类和 Math 类是 System 命名空间中的三个很重要的基本类。在前面的例子中，已经反复使用了 Consol 类的 WriteLine 方法和 ReadLine 方法，下面详细介绍它们的用法。

1. Console 类

Console 类负责控制台程序的读、写操作，这个类的方法都是静态方法，需要使用类名(Console)调用，最常用的方法是 WriteLine、Write、ReadLine 和 Read。

(1)Write 和 WriteLine。

这两个方法的功能是将数据输出到控制台，区别在于 Write 输出后没有换行符，WriteLine 输出后紧跟一个换行符，光标到达控制台的下一行。

在使用这两个方法时，还可以输出格式字符串如“{i}”，其中 i 是从 0 开始计数的整数，表示打印参数的序号。例如：

```
Console.WirteLine(“{0},{1}”,a,b);
```

“{0}”表示第 1 个要输出参数 a,“{1}”表示第 2 个要输出参数 b。

格式字符串还可以采用“{i,w}”的形式，其中 i 是参数索引，w 制定打印宽度。如果为正数，则输出文本右对齐；如果为负数，则输出文本左对齐。

输出时还可以使用格式字符串控制输出数据的格式。格式控制字符，如表 2-9 所示。

表 2-9 格式控制字符

字符	说明
C	货币格式
D	十进制格式，如果精度数值大于数值的数字位数，前面补 0
E	科学计数法格式，精度数值指定小于小数的位数(默认为 6 位)。
F	浮点格式，精度数值指定小数的位数
G	一般格式
N	数字格式，用逗号表示千分位符，精度数值指定小数的位数
P	百分数格式，精度数值指定小数的位数
X 或 x	十六进制，如果精度数值大于数值的数字位数，前面补 0

```
Console.Write("{0:C}", 2.5);            //$2.50
Console.Write("{0:D5}", 25);            //00025
Console.Write("{0:E}", 250000);         //2.500000E+005
Console.Write("{0:F2}", 25);            //25.00
Console.Write("{0:F0}", 25);            //25
Console.Write("{0:G}", 2.5);            //2.5
Console.Write("{0:N}", 2500000);        //2,500,000.00
Console.Write("{0:P2}", 0.25);          //25.00%
Console.Write("{0:X}", 250);            // FA
Console.Write("{0:X}", 0xffff);         // FFFF
```

(2)Read 和 ReadLine。

Read 方法的功能是从标准输入流中读取下一个字符，方法的返回值类型为 int，如果没有可用的字符，返回－1。

ReadLine 方法的功能是从标准输入流中读取下一行字符串，方法的返回值类型为 string，如果没有可用的字符串，返回 null。

ReadLine 方法获取的数据，在使用时要注意类型的转换。

2.Convert 类

在 C＃数值型数据之间、数值型数据和字符串型数据之间的数据转换是一种非常常见的操作，为了完成这个操作，需要使用到 Convert 类。该类提供的方法都是静态的，需要使用类型名(Convert)调用。

Convert 类提供的方法的方法名，使用的是 CTS(通用类型系统，保证 VB 和 C＃的类型相互操作)的类型名称，如 Int32，Int64，String 等。

```
string str=Console.ReadLine();
decimal dec=Convert.ToDecimal(Console.ReadLine());
int i=Convert.ToInt32(Console.ReadLine());
```

数值型数据转换为字符串型数据可以直接使用 ToString 方法。

```
string str=i.ToString();
```

3.Math 类

System. Math 类定义了两个重要的常量——Math. PI(圆周率)和 Math. E(自然对数底)。

System. Math 类以静态方法的形式提供进行数学运算的能力，常用的方法如表 2-10 所示。

表 2-10　C＃中 Math 类的常用方法

方法	功能	示例	数学表示	结果
Abs(x)	求 x 的绝对值	Math. Abs(－65)	|－65|	65
Ceiling(x)	求不小于 x 的最小值	Math. Abs(65. 58)		66
Cos(x)	求 x 的余弦值	Math. Cos(Math. PI / 3)	cos3/π	0. 5
Exp(x)	求指数 e^x	Math. Exp(8)；	e^8	2980. 96
Floor(x)	求不大于 x 的最小整数	Math. Floor (65. 58)		65
Log(x)	求以 e 为底的自然对数	Math. Log(8,2)	$Log_2{}^8$	3
Max(x,y)	求 x 和 y 的最大值	Math. Max (65,58)		65
Min(x,y)	求 x 和 y 的最小值	Math. Min (65,58)		58
Pow(x,y)	求 x 的 y 次幂	Math. Pow(2. 3)；	2^3	8
Sin(x)	求 x 的正弦值	Math. Sin(Math. PI/3)；	Sin3/π	0. 866
Sqrt(x)	求 x 的算术平方根	Math. Sqrt (16)；		4
Tan(x)	求 x 的正切值	Math. Tan(Math. PI/3)；		1. 73

2.4 任务实施

【问题分析】

步骤一，输入半径的数值，存储在一个 double 型变量中，注意输入语句 Console. ReadLine 的返回值为 string，为实现计算需要使用 Convert 类转换变量的数据类型。

步骤二，利用数学常量 PI，计算周长、面积和球的体积。

步骤三，分别将计算结果输出。

【程序代码】

```
using System;
using System.Collections.Generic;
using System.Linq;
using System.Text;

namespace chapter2
{
    class Program
    {
        static voidMain(string[] args)
        {
            Console.WriteLine("请输入半径:");
            double r=Convert.ToDouble(Console.ReadLine());
            double ZhouChang=2 * Math.PI * r;
            double MianJi=Math.PI * r * r;
            double TiJi=(4.0 / 3.0) * Math.PI * r * r * r;
            Console.WriteLine("圆的周长为:{0}", ZhouChang);
            Console.WriteLine("圆的面积为: {0}", MianJi);
            Console.WriteLine("球的体积为:{0}", TiJi);
        }
    }
}
```

【程序说明】

首先声明半径，然后利用圆的周长、面积、球的体积的计算公式分别计算，最后分别输出结果。

【运行结果】(图 2-12)

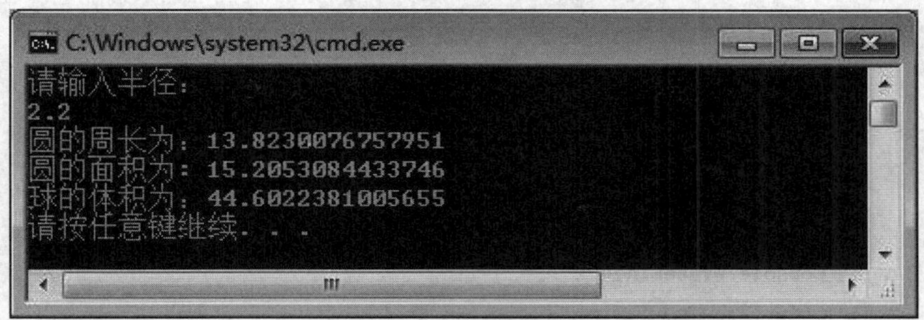

图 2-12　程序运行结果

2.5　技术拓展

1. 可空类型

本章主要介绍了 C# 中数据类型的值类型、常用的运算符以及变量常量等，在实际开发中，这些内容是应用的基础，值类型变量不能取值为 null。但在与数据库进行交互时，数据库中的数值是可以为空的，为了解决这个问题，C# 提出了可空类型的概念。

可空类型是以值类型为基础类型构造出来的，在值类型后面使用? 修饰符来构造可空类型。例如，int? 是 int 型的可空类型，使用它声明的变量可以取值为空。

可空类型可以表示其基础类型的所有值和一个额外的空值，比如，可控类型 bool? 可以表示三个值，即 true，false，和 null。

【例 2-10】可空类型示例。

```
using System;
using System.Collections.Generic;
using System.Linq;
using System.Text;

namespace_2_10
{
    class Program
    {
        public static voidMain()
        {
            int? a=null;
            int? b=a+1;
            int? c=a * 2;
            Console.WriteLine("b="+b);
            Console.WriteLine("c="+c);
            int? i=null;
            int? j=2;
```

```
            if (i < j)
            {
                Console.WriteLine("i < j");
            }
            else if (i >= j)
            {
                Console.WriteLine("i >= j");
            }
            else
            {
                Console.WriteLine("i 和 j 不能比较!");
            }
        }
    }
}
```

由于程序中 a 为可空类型,其值为 null,因此 b 和 c 不能通过关于 a 的表达式运算出结果,i 和 j 进行比较时,只要有一个变量类型为可空类型,则比较的结果就是 false。

程序运行结果如图 2-13 所示。

图 2-13 程序运行结果

2. 装箱与拆箱

在 C# 中,值类型之间的转换通过 Convert 类提供的静态方法实现。值类型和引用类型是同源的,两者之间也可以进行转换,将值类型转换为引用类型称为装箱(boxing),引用类型转换为值类型称为拆箱(unboxing)。

装箱和拆箱通过 object 类型进行转换。装箱过程如下:

```
float f =10.2f;
object obj=f;
```

装箱后,值类型变量的改变不会影响已装箱的对象,如再设置 f=20.2,则 obj 输出结果还是 10.2。

拆箱操作包括两个步骤:首先检查对象实例是否是由某个给定的值类型变量装箱的 ,然后将其值复制出来。过程如下:

```
float f=10.2f;
object obj=f;
float ff=(float)obj;
```

2.6　本章小结

(1)C♯数据类型分为:值类型和引用类型,它们具有共同的始祖 object。

(2)值类型分为:简单类型、结构类型、枚举类型。

(3)C♯标识符的命名规则。

(4)常量、变量的声明使用方法:变量是代表内存地址的名称,具有名称、类型和值,变量必须先定义后使用;常量的值一旦定义就不能改变。

(5)C♯常用的运算符。

(6)三个常用的框架类:Console、Convert、Math。

(7)可空类型、数据类型转换:可空类型满足对数据库进行操作的需要,值类型数据间进行转换使用 Convert 类,装箱和拆箱是将值类型数据和引用类型数据进行转换的方法。

2.7　强化练习

一、选择题

1. Console 标准的输入和输出设备分别是__________和__________。

A. 键盘　　B. 鼠标

C. 屏幕　　D. 打印机

2. 以下属于 C♯简单值数据类型的有__________。

A. int 类型　　B. int[]类型

C. char 类型　　D. 枚举类型

3. 要使用变量 age 来存储人的年龄,则将其声明为__________类型最为适合。

A. sbyte　　B. byte

C. int　　D. float

4. 以下属于合法 c♯变量名的有__________。

A. XJ23　　B. class

C. 5y　　D. @ch

5. C♯中每个 int 类型的变量占用__________个字节的内存。

A. 1　　B. 2

C. 4　　D. 8

6. 在 C♯编制的财务程序中,应使用__________条语句来创建一个存储流动资金金额的临时变量。

A. decimal theMoney;　　B. int theMoney;

C. string theMoney;　　D. Dim theMoney as double

7. 下面是关于 Write 和 WriteLine 语句的描述,正确的有__________。

A. Write 语句和 WriteLine 语句的常规形式中可以有一个以上的参数

B. 如果不只一个参数,参数间用逗号分隔

C. 第一个参数必须总是字符串,称为格式字符串

D. 紧跟着格式字符串的参数称为替换值,这些替换值从 0 开始编号

8. 下面是关于枚举类型的描述,正确的有________。

A. 枚举是由程序员定义的类型

B. 枚举是值类型

C. 枚举只有一种类型的成员:命名的整数值常量

D. 枚举成员声明列表是逗号分隔的列表,在枚举声明中没有分号

9. 下面是关于枚举类型的描述,正确的有________。

A. 每个枚举类型都有一个底层整数类型,默认为 int

B. 每个枚举成员被赋值一个底层类型的常量值

C. 编译器把第一个成员赋值为 0,并对每一个后续成员赋的值比前一个成员多 1

D. 可以通过把冒号和类型名放在枚举名之后,以使用 int 以外的整数类型作为底层类型

10. 设 int 型变量 x 和 y 的取值分别为 3 和 2,那么执行下面语句后 z 的值为________。

```
int z=(x++ % y == 0) ? ++x : (x / y == 1) ? ++y : --y
```

A. 1　　B. 2

C. 3　　D. 4

11. 设 bool 型变量 a 和 b 的取值分别为 true 和 false,那么表达式 a&&(a||! b)和 a|(a&&b)的值分别为________。

A. true　true　　B. true false

C. false　false　　D. false　true

12. 以下赋值语句中,正确的有________。

A. short　X=50000;

B. ushort　Y= 50000;

C. long　X =1000;int　Y=x;

D. double　x=20;decimal　Y=x;

二、问答题

1. C#语言中,值类型和引用类型有何不同?

2. C#支持的数据类型有哪些?

三、编程题

1. 编写一个程序,输出两行结果:Hello, My name is LiNing, This is my first csharp program;我的 C#学习之旅开始了。

2. 输入一个直角三角形的斜边和一个直角边的长度,输出该直角边对应的角的正弦、余弦和正切值。

3. 编写一个程序:要求输入三个整数,利用 Math 类,计算并打印出它们之间最大值和最小值。

第3章 C# 流程控制

3.1 任务导引——保费计算器

软件技术 2 班的小李同学，参加了某保险公司提供的勤工俭学岗位，负责该公司的人寿保险业务。一天，公司经理交给小李一个任务，让他计算出每个人的保费，如表 3-1 所示。

表 3-1　　小李需要计算的保费单

姓名	年龄	性别	婚姻状况	子女数量	担保额(万元)
赵先生	58	男	已婚	2	10
钱先生	28	男	未婚	0	3
孙女士	63	女	已婚	3	7
李小姐	31	女	已婚	1	4
周先生	40	男	离异	1	12
吴小姐	42	女	已婚	1	6
郑先生	29	男	已婚	1	5
王先生	63	男	未婚	0	2

该公司人寿保险的保费计算方式为：

保费＝担保额×保险费率

其中，保险费率根据年龄、性别、婚姻状况和子女人数的不同而有所不同，体现在不同年龄、性别、婚姻状况和子女人数，设定不同的点数：10 点以上保险费率为 0.6％，10 点以下保险费率为 0.1％。点数与年龄、性别、婚姻状况和子女人数的关系如表 3-2 所示。

表 3-2　　保险费率点数

年龄			性别		婚姻状况		子女数量
20～39	40～59	其他	男	女	已婚	未婚 包括离异	1 人扣 0.5 点，最多扣 3 点
6 点	4 点	2 点	4 点	3 点	3 点	5 点	

3.2 任务分析

小李为了完成经理交给的任务，需要对客户的年龄、性别、婚姻进行选择，在C#中使用选择语句完成类似的功能。要循环地录入8个客户的信息，可以使用C#提供的循环语句。

保费和保险费率使用上一章我们学过的double型变量存储。

3.3 技术准备

语句是程序完成一次操作的基本单位。流程控制语句用于控制程序中语句的执行顺序，默认情况下，程序语句是顺序执行的，除此之外，C#还定义了选择和循环来对程序进行灵活的控制。

顺序语句是指程序执行过程中程序流程不发生转移的程序语句，主要用来实现赋值、计算和输入输出。选择语句体现了程序的判断能力，在程序执行中能根据某些条件是否成立，确定某些语句是执行还是不执行，或者根据某个变量或表达式的取值，从若干条语句或语句组中选择一条或一组来执行。在程序设计中，通常某些程序段需要重复执行若干次，这样的程序语句称为循环语句。

3.3.1 选择语句

选择语句根据表达式的值从多个给定的语句中选择一段语句来执行。选择语句包括if和switch。

1. if语句实现单分支选择

if语句根据条件表达式的值来确定需要执行的语句，格式如下：

```
if (条件表达式)
{
    语句块;
}
```

流程图如图3-1所示。

其中，语句块可以只有一条语句甚至是空语句(只有一个分号)，如果有多条语句，则必须放在{ }内。

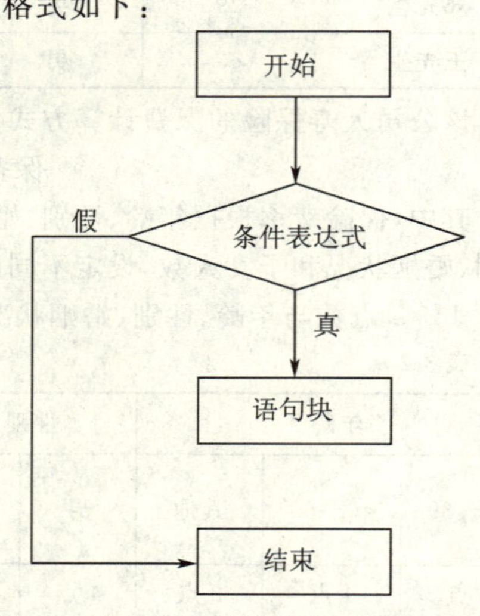

图3-1 单分支选择语句执行流程图

【例 3-1】成绩判断。

```
using System;
using System.Collections.Generic;
using System.Linq;
using System.Text;
namespace_3_1
{
    class Program
    {
        public static void Main()
        {
            Console.WriteLine("请输入考试成绩:");
            double cj;
            cj=Convert.ToSingle(Console.ReadLine());//输入成绩
            if (cj>=60)//如果成绩大于等于 60
                Console.WriteLine("恭喜您,您通过了这次考试!");//输出恭喜信息
        }
    }
}
```

程序运行结果如图 3-2 所示。

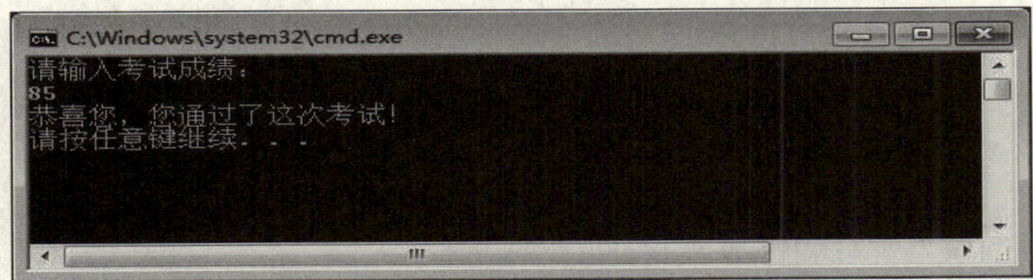

图 3-2　程序运行结果

2. if…else 语句实现双分支选择

格式如下:

```
if(条件表达式)
    语句块 1;
else
    语句块 2;
```

首先计条件表达式的值,如果条件表达式的值为 true,则执行语句块 1;如果条件表达式为 false,则执行语句块 2。

流程图如图 3-3 所示。

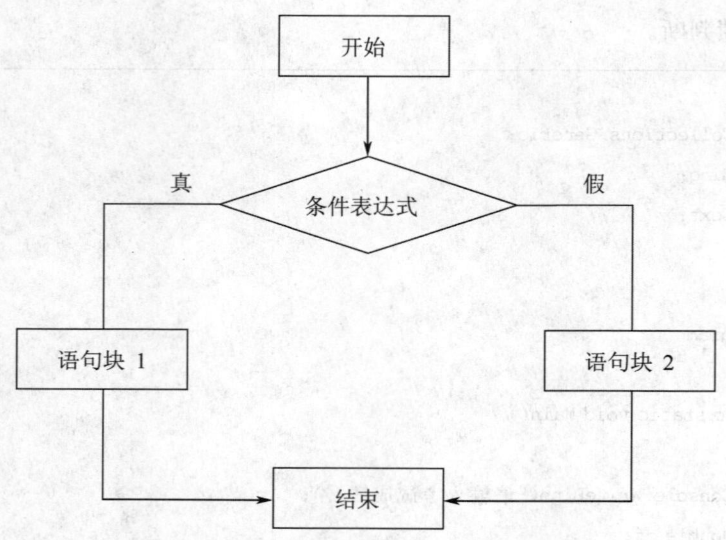

图 3-3 双分支选择语句执行流程图

【例 3-2】成绩判断。

```
using System;
using System.Collections.Generic;
using System.Linq;
using System.Text;
namespace_3_2
{
    class Program
    {
        public static void Main()
        {
            Console.WriteLine("请输入考试成绩:");
            double cj;
            cj=Convert.ToSingle(Console.ReadLine());
            if (cj >= 60)
                Console.WriteLine("恭喜您,您通过了这次考试!");
            else
                Console.WriteLine("准备补考吧!");
        }
    }
}
```

程序运行结果如图 3-4 所示。

图 3-4 程序运行结果

3. if…else 语句实现多分支选择语句

格式如下:

```
if (条件表达式 1)
    语句块 1;
else if(条件表达式 2)
    语句块 2;
        else if(条件表达式 3)
            语句块 3;
        ……
        else
            语句块 n;
```

这种形式的 if 语句增加了一种选择方式“else if(表达式 i)”。它首先判断条件表达式 1 的值是否为 true,如果 true,就执行语句块 1;如果为 false,则继续判断条件表达式 2 的值是否为 true。如果条件表达式 2 的值为 true,就执行语句块 2,否则继续判断条件表达式 3 的值……依次类推,直到找到一个条件表达式的值为 true 并执行后面的语句。如果所有表达式的值都为 false,则执行 else 后面的语句块 n。

【例 3-3】成绩判断。

成绩分五个等级:小于 60 分的为“E”;60～69 分为“D”;70～79 分为“C”;80～89 分为“B”;90 分以上为“A”。

```
using System;
using System.Collections.Generic;
using System.Linq;
using System.Text;

namespace _3_3
{
    class Program
    {
        public static void Main()
        {
            int cj; char dj;
            Console.Write("请输入您的成绩:");
            cj=Convert.ToInt32(Console.ReadLine());
```

```
            if (cj >= 90) dj= 'A';
            else if (cj >= 80) dj= 'B';
            else if (cj >= 70) dj= 'C';
            else if (cj >= 60) dj= 'D';
            else dj= 'E';
            Console.WriteLine("您的成绩等级为:{0}", dj);
        }
    }
}
```

程序运行结果如图 3-5 所示。

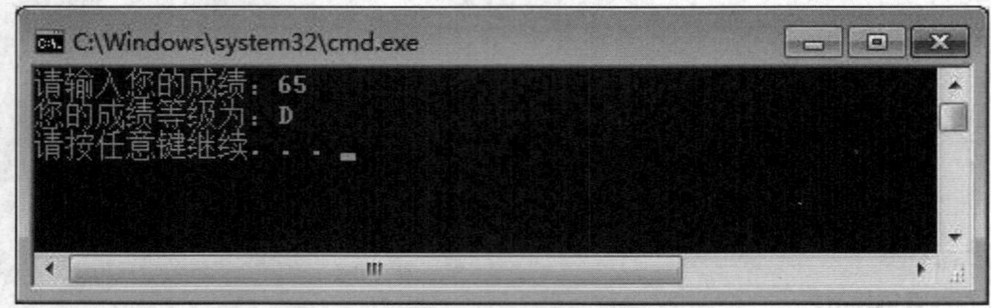

图 3-5 程序运行结果

【例 3-4】设有如下数学表达式,用 if 语句编程求表达式的值。

$$y=\begin{cases}-1, & x<0\\ 0, & x=0\\ +1, & x>0\end{cases}$$

```
using System;
using System.Collections.Generic;
using System.Linq;
using System.Text;

namespace _3_4
{
    class Program
    {
        public static void Main()
        {
            Console.Write("输入 x 值:");
            int x=Convert.ToInt32(Console.ReadLine());
            int y;
            if (x > 0) y=1;
            else if (x == 0) y=0;
            else  y=-1;
            Console.WriteLine("y={0}.", y);
```

```
            Console.ReadLine();
        }
    }
}
```

程序运行结果如图 3-6 所示。

图 3-6　程序运行结果

执行上面的程序，可以得到正确的结果。同时我们要看到，程序在书写时没有加入必要的{　}，因此程序的可读性比较差。代码编写的一个好的习惯是，总是在 if 语句和 else 语句后面使用{　}，即使语句块中只有一条语句，并且还要有必要的缩进，这样有助于程序检查。

改写上面的程序，加入{　}和缩进，代码如下：

```
using System;
using System.Collections.Generic;
using System.Linq;
using System.Text;

namespace _3_4_1
{
    class Program
    {
        public static void Main()
        {
            Console.Write("输入 x 值:");
            int x=Convert.ToInt32(Console.ReadLine());
            int y;
            if (x > 0)
            {
                y=1;
            }
            else
            {
                if (x == 0)
                {
                    y=0;
                }
                else
```

```
                {
                    y=-1;
                }
            }
            Console.WriteLine("y={0}.", y);
        }
    }
}
```

书写程序中,经常会出现 if 语句的嵌套,需要记住:一个 if 语句只能对应于一个 else 语句;else 语句总是和它最近的 if 匹配。

4. switch 语句实现多分支选择

可以通过 switch 语句来实现多分支选择语句。

格式如下:

```
switch(表达式)
{
    case 常量表达式 1: 语句 1;
        break;
    case 常量表达式 2: 语句 2;
        break;
    ……
    case 常量表达式 n: 语句 n;
        break;
   [default: 语句 n+1;break;]
}
```

(1)switch 后面括号中的表达式的类型可以是整型(sbyte、byte、short、ushort、int、uint、long、ulong)、字符型(char)和字符串型(string)。

(2)程序执行时首先计算表达式的值,然后依次与 case 后面的常量表达式 1、常量表达式 2、常量表达式 3……常量表达式 n 比较,若表达式与某个 case 后面的常量表达式的值相等,就执行此 case 后面的语句,然后执行 break 语句以退出该 switch 语句。

(3)各个 case 标签不必连续,也不必按特定顺序排列;每两个 case 标签之间的语句数不限。

(4)一般来说 default 总是放在最后,但 default 标签不是必选的。

【例 3-5】利用 switch 改写例 3-3。

```
using System;
using System.Collections.Generic;
using System.Linq;
using System.Text;

namespace _3_5
{
```

```
class Program
{
    public static void Main()
    {
        double cj;
        int dj;
        string strdj;
    Console.Write("请输入您的成绩:");
        cj=Convert.ToSingle(Console.ReadLine ());
        if (cj >0  && cj <= 100)
        {
            dj=(int)cj / 10;
            switch (dj)
            {
                case 10:
                case 9: strdj="A"; break;
                case 8: strdj="B"; break;
                case 7: strdj="C"; break;
                case 6: strdj="D"; break;
                default:
                strdj="E"; break;
            }
            Console.WriteLine("成绩等级为:{0}",strdj);
        }
        else
        {
            Console.WriteLine("成绩输入错误!");
        }
    }
}
}
```

程序运行结果如图 3-7 所示。

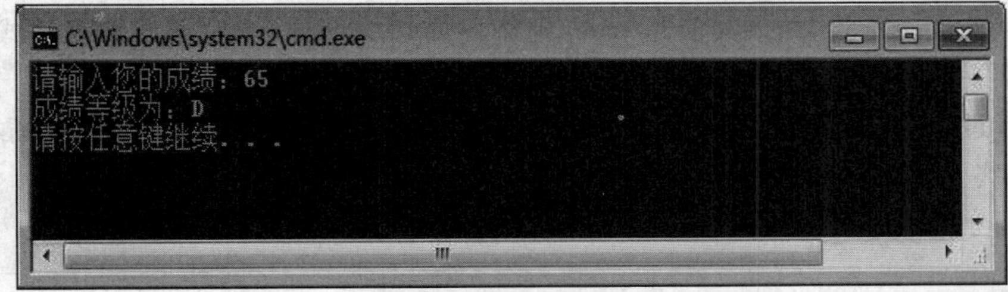

图 3-7　程序运行结果

3.3.2　循环语句

循环语句使一条语句或语句块重复执行，直到满足某个条件为止。C# 中常用的循环语句包括：

- while
- do…while
- for
- foreach

1. while 循环语句

while 语句在条件为 true 的情况下，会重复执行循环体内的语句序列，直到条件为 false 为止。

格式如下：

```
while(条件表达式)
{
    循环体语句块;
}
```

流程图如图 3-8 所示。

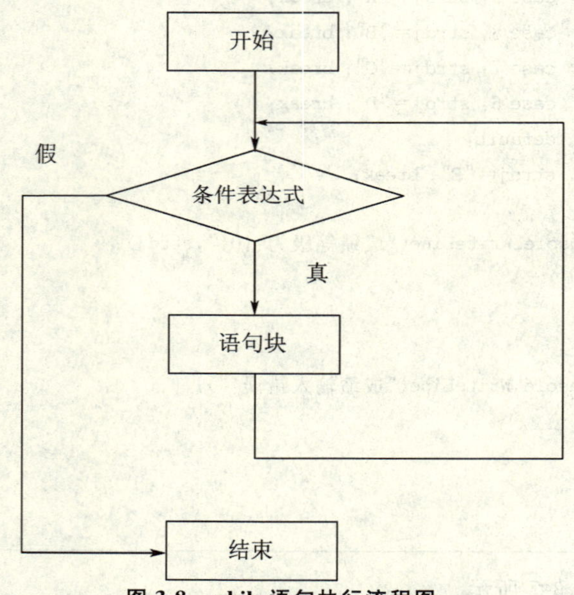

图 3-8 while 语句执行流程图

首先计算条件表达式，如果其值是 true，则循环语句块部分，然后再计算表达式，重复上述过程……当某一次计算表达式的值时发现表达式的值为 false，将退出循环。

循环执行过程中，若遇到 continue 语句则立刻结束本次循环跳转到下一次循环，若遇到 break 语句则终止整个循环过程。

【例 3-6】分析程序运行结果。

```
using System;
using System.Collections.Generic;
using System.Linq;
using System.Text;
```

```
namespace _3_6
{
  class Program
    {
        public static void Main()
        {
            int i=2;
            int count=9;
            while (i++ < count) ;  //空循环
            Console.WriteLine(i);
            i=0;
            while (i < count)
            {
                i++;
            }
            Console.WriteLine(i);
        }
    }
}
```

程序运行结果如图 3-9 所示。

图 3-9　程序运行结果

【例 3-7】输出 100 以内全部奇数。

```
using System;
using System.Collections.Generic;
using System.Linq;
using System.Text;

namespace _3_7
{
    class Program
    {
        public static void Main()
        {
            int i=0;
            while (i < 100)
            {
                i++;
                if (i % 2 != 1)
                {
                    continue;
```

```
                }
                Console.Write(i+" ");
            }
            Console.WriteLine();
        }
    }
}
```

程序运行结果如图 3-10 所示。

```
C:\Windows\system32\cmd.exe
1 3 5 7 9 11 13 15 17 19 21 23 25 27 29 31 33 35 37 39 41 43 45 47 49 51 53 55
7 59 61 63 65 67 69 71 73 75 77 79 81 83 85 87 89 91 93 95 97 99
请按任意键继续. . .
```

图 3-10　程序运行结果

2.do...while 循环语句

do...while 语句也是用来重复执行循环体内的程序。

格式如下：

```
do
{
    循环体语句块;
}
while(条件表达式)
```

与 while 语句区别在于，do…while 语句循环体内的程序至少会执行一次，然后再判断条件是否为 true，条件为 true，则继续执行循环；条件为 false，退出循环。

流程图如图 3-11 所示。

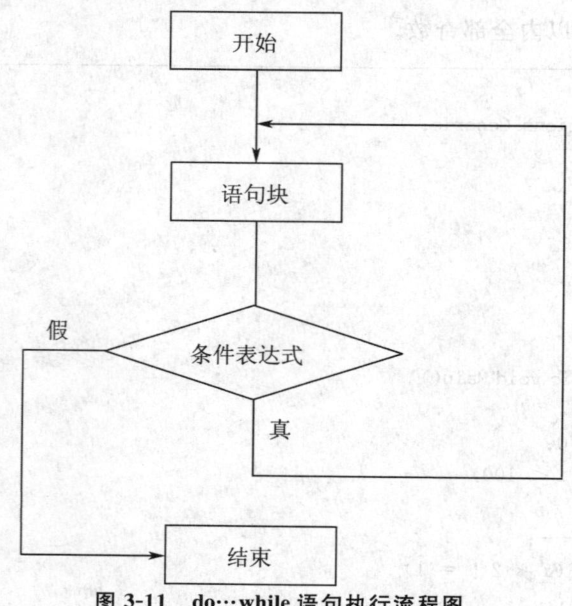

图 3-11　do…while 语句执行流程图

【例 3-8】输入某个正整数,求其阶乘。

```
using System;
using System.Collections.Generic;
using System.Linq;
using System.Text;

namespace _3_8
{
  class Program
    {
        public static void Main()
        {
            Console.Write("请输入一个不大于 10 的正整数:");
            int x=Convert.ToInt32(Console.ReadLine());
            if (x <= 0||x > 10)
            {
                Console.WriteLine("输入数据错误!");
            }
            else
            {
                int y=1;
                do
                {
                    y *= x;
                    x--;
                } while (x > 0);
                Console.WriteLine("结果为{0}.", y);
            }
            Console.ReadLine();
        }
    }
}
```

程序运行结果如图 3-12 所示。

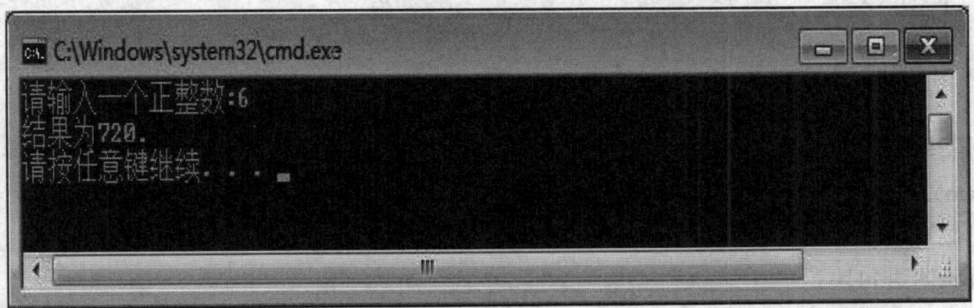

图 3-12　程序运行结果

3. for 循环语句

for 语句是一种常用的循环语句。

格式如下：

```
for(循环变量初始化 ；条件表达式 ；步长)
{
        循环体语句块；
}
```

循环变量初始化、条件表达式、步长均是可选的。循环变量初始化用来声明循环变量的初始值，循环变量是局部变量，作用域从循环开始到循环结束。条件表达式的结果是一个布尔值，当值为 true 时，进入循环；当值为 false 时，退出循环。步长下一次循环开始时，循环变量递增或递减。

流程图如图 3-13 所示。

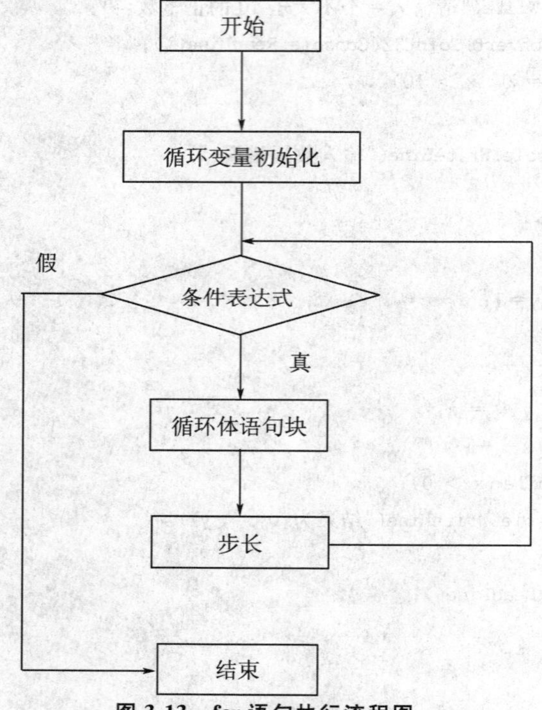

图 3-13 for 语句执行流程图

当循环变量初始化、条件表达式、步长均为空时：

```
for( ; ; )
{
   循环体语句块；
}
```

该语句相当于：

```
while(true)
{
        循环体语句块；
}
```

【例 3-9】输出 100 以内全部偶数。

```
using System;
using System.Collections.Generic;
using System.Linq;
using System.Text;

namespace _3_9
{
  class Program
    {
        public static void Main()
        {
            for (int i=1; i < 100; i++)
            {
                if (i % 2 == 0)
                {
                    Console.Write(i+" ");
                }
            }
            Console.WriteLine();
        }
    }
}
```

程序运行结果如图 3-14 所示。

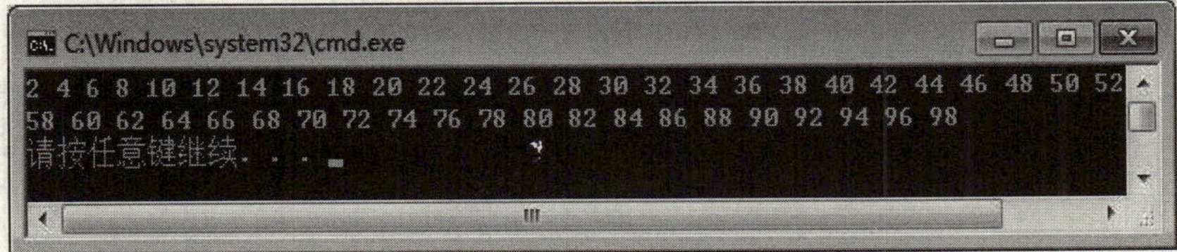

图 3-14　程序运行结果

【例 3-10】输入一个整数，判断该数是不是素数。

```
using System;
using System.Collections.Generic;
using System.Linq;
using System.Text;

namespace _3_10
{
  class Program
  {
```

```
        public static void Main()
        {
            int x, i;
            x=Convert.ToInt32(Console.ReadLine());
            for (i=2; i < x; i++)
            {
                if (x % i == 0)
                {
                    break;
                }
            }
            if (i == x)
            {
                Console.WriteLine("是素数");
            }
            else
            {
                Console.WriteLine("不是素数");
            }
        }
    }
}
```

程序运行结果如图 3-15 所示。

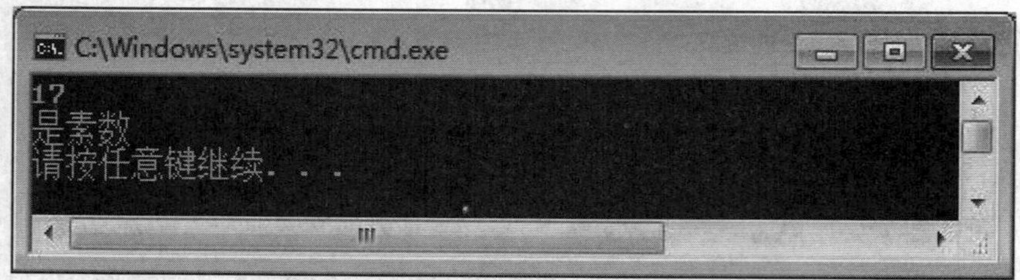

图 3-15 程序运行结果

3.3.3 异常处理语句

在编写程序过程中,不仅要关心程序的正常操作,还应该检查错误,比如用户输入错误、资源不可使用、数组索引超界等。异常处理是解决这类问题的主要方法。

C#提供了利用 try-catch 捕捉异常的方法,以帮助编程者处理异常。在 try 块中的任何语句产生异常,都会执行 catch 块中的语句来处理异常,而不是直接显示异常信息。

1. 一个 try 块后跟上 catch 块

在程序运行正常的时候,执行 try 块内的程序。如果 try 块中出现了异常,程序就转移到 catch 块中执行。

在 catch 子句中,可以指定异常类型和标识符。一旦指定,就相当于声明了一个异常变量,这个异常变量是一个作用范围为整个 catch 块的局部变量。在 catch 块的执行过程中，异常变量描述了当前正在处理的异常，可以通过它来引用异常对象。如果在 catch 子句中没有定义异常变量，则该子句称为一般 catch 子句，其中的代码在事先不能确定会发生什么样异常的情况下执行。

一个 try 块后可以跟一个或多个 catch 块。如果有多个 catch 块，除了一个一般 catch 块外，其他每一个 catch 块可以用于处理一个特定类型的异常，这样使得程序可以更好地处理一些特殊异常，对于这些 catch 块，应该把处理特殊异常的 catch 块放在处理一般 catch 块的上面。

格式如下：

```
try
{
    异常检查语句块
}
catch(异常类型 变量)
{
    异常处理语句块
}
```

【例 3-11】异常处理。

```
using System;
using System.Collections.Generic;
using System.Linq;
using System.Text;

namespace _3_11
{
class Program
    {
        public static void Main()
        {
            try
            {
                int b=Convert.ToInt32("abc");
            }
            catch (FormatException ex)
            {
                Console.WriteLine(ex.Message);
            }
        }
    }
}
```

2.一个 try 块后跟上 catch 块，后面再跟上 finally 块

如果 try 后有 finally 块，不论是否出现异常，也不论是否有 catch 块，finally 块总是会执行的，使用跳转语句也不能跳出 finally 块的执行。一般在 finally 块中做释放资源的操作，比如关闭打开的文件、关闭与数据库的连接，等等。

格式如下：

```
try
{
    异常检查语句块
}
catch(异常类型 变量)
{
    异常处理语句块
}
finally
{
    语句序列语句块
}
```

【例 3-12】异常处理。

```
using System;
using System.Collections.Generic;
using System.Linq;
using System.Text;

namespace _3_12
{
class Program
    {
        public static void Main()
        {
            try
            {
                int b=Convert.ToInt32("abc");
                Console.Write(b);
            }
            catch (FormatException ex)
            {
                Console.WriteLine(ex.Message);
            }
            finally
            {
                Console.WriteLine("执行结束");
            }
        }
    }
}
```

3.4　任务实施

【问题分析】

利用循环输入 8 位客户的资料，循环过程中声明客户姓名、年龄、性别、婚姻状况等局部变量，利用选择语句计算出客户点数，再利用选择语句计算出最终的保险费率。根据用户担保额度以及保费计算公式，计算客户的最终保费并输出。

【程序代码】

```
using System;
using System.Collections.Generic;
using System.Linq;
using System.Text;

namespace chapter3
{
class Program
    {
        public static void Main()
        {
            for (int i=0; i < 8; i++)
            {
                Console.WriteLine("请输入第{0}个客户的姓名:",i+1);
        // 客户姓名
                string Name=Console.ReadLine();
                Console.WriteLine("请输入第{0}个客户的年龄:", i+1);
        // 客户年龄
                int Age=Convert.ToInt32(Console.ReadLine ());
                Console.WriteLine("请输入第{0}个客户的姓名:true 代表男,false 代表女", i+ 1);
        // 客户性别
                bool Sex=Convert.ToBoolean(Console.ReadLine());
                Console.WriteLine("请输入第{0}个客户的婚姻状况:true 代表已婚,false 代
表未婚", i+1);
        // 客户婚姻状况
                bool Married=Convert.ToBoolean(Console.ReadLine ());
                Console.WriteLine("请输入第{0}个客户的子女数量:", i+1);
        // 客户子女数量
                int ChildrenCount=Convert.ToInt32(Console.ReadLine());
                Console.WriteLine("请输入第{0}个客户的担保额:整型", i+1);
        // 担保额度
                int guarantee=Convert.ToInt32(Console.ReadLine());
```

```
//保费
        double TotalPremium=0;
//保险费率
        double PremiumPercent=0;
//点数
        double point=0;

        if (Age >= 20 && Age <= 39)
        {
            point += 6;
        }
        else if (Age >= 40 && Age <= 59)
        {
            point += 4;
        }
        else
        {
            point += 2;
        }

        if (Sex == true)
        {
            point += 4;
        }
        else
        {
            point += 3;
        }

        if (Married == true)
        {
            point += 3;
        }
        else
        {
            point += 5;
        }
        if (ChildrenCount * 0.5 >= 3)
        {
            point=point-3;
        }
        else
```

```
            {
                point=point - ChildrenCount * 0.5;
            }
            if (point >= 10)
            {
                PremiumPercent=0.006;
            }
            else
            {
                PremiumPercent=0.001;
            }
            TotalPremium=guarantee * PremiumPercent;
            Console.WriteLine("第{0}个客户的保费为{1}元",i+1,TotalPremium * 10000);
        }
      }
    }
}
```

【程序说明】

利用语句 for 循环输入 8 个客户的基本信息，其中出现选择情况使用 if…else…分支实现选择，通过保费的计算公式，计算出每个客户的保费。

【运行结果】(图 3-16)

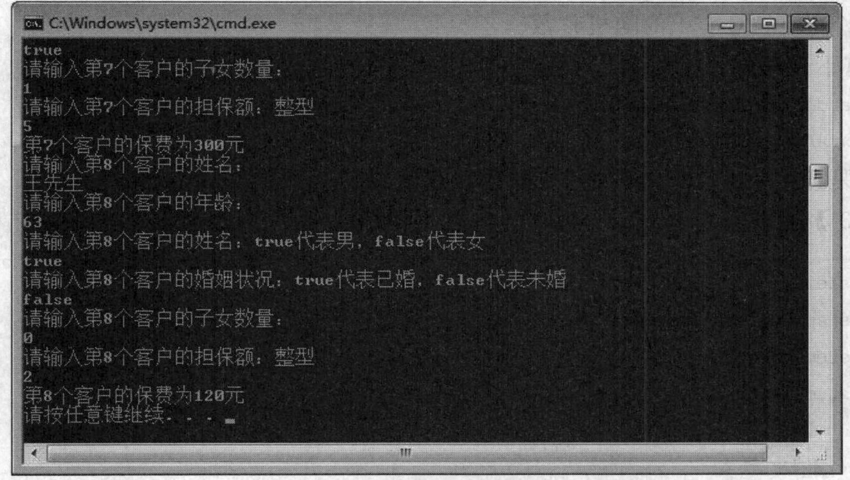

图 3-16　程序运行结果

代码中加粗部分使用了 if…else 实现多分支选择语句，同样可以使用 switch 语句实现，替换代码如下：

```
switch (Age / 20)
{
    case 1: point += 6; break;
    case 2: point += 4; break;
```

```
    default: point += 2; break;
}
```

3.5 技术拓展

在程序设计中,经常使用随机数。在 C# 中要产生随机数需要使用 Random 类,该类位于命名空间 System 中。要使用 Random 类,应首先生成一个对象,如:

```
Random rand =new Random();
```

生成随机数对象后,可以调用随机数对象的 Next()方法得到一个随机数。该方法的语法格式有三种。

(1)格式 1:rand. Next()。

产生一个从 0 到 Max 之间的一个随机整数。注意,由 Next()方法产生的数值事实上都是伪随机数,它是由一个复杂的算术计算方法的序列。

(2)格式 2:rand. Next(N)。

产生一个 0~N-1 之间的随机整数。

例如,有下列语句:

```
Random rand=new Random()
i= rand.Next(10);
```

其作用是产生一个 0~9 的随机整数并赋值给变量 i。

(3)格式 3:rand. Next(N,M)。

产生一个 N ~ M -1 的随机整数。

例如,有下列语句:

```
Random randomObj=new Random()
i=randomObj.Next(10,100);
```

其作用是产生一个 10~99 的随机整数并赋值给变量 i。

【例 3-13】随机生成 10 个 4~100 的整数,判断这些数是不是素数。

```
using System;
using System.Collections.Generic;
using System.Linq;
using System.Text;

namespace_3_13
{
  class Program
    {
        public static void Main()
        {
            int x, i;
            Random rand=new Random();
```

```
for (int count=0; count < 10; count++)
    {
        x=rand.Next(4,101);
        for (i=2; i < x; i++)
        {
            if (x % i == 0)
            {
                break;
            }
        }
        if (i == x)
        {
            Console.WriteLine(x+"是素数");
        }
        else
        {
            Console.WriteLine(x+"不是素数");
        }
    }
  }
}
```

程序运行结果如图 3-17 所示。

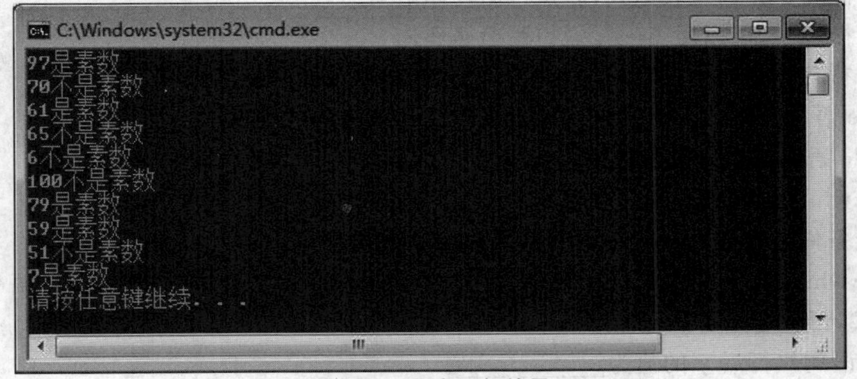

图 3-17 程序运行结果

3.6 本章小结

(1)默认情况下,C#语句都是顺序执行的。

(2)流程控制语句可以改变语句的执行顺序,达到控制程序流程的目的。三种基本流程控制语句为顺序语句、分支选择语句、循环语句。

(3)选择语句根据条件表达式的值来选择一个语句块来执行。选择语句包括单分支、多分支，应用的语句有 if、if…else、switch。

(4)循环语句使一个语句块重复执行，直到满足某个条件位置。循环语句包括 while、do…while、for 语句。

(5)在循环过程中可以使用 continue、break 语句进行程序的跳转。

(6)C#定义了 try 语句进行异常检查，利用 catch 语句显示异常的信息，finally 语句块在异常处理过程中，一定会被执行到。

(7)C#中经常使用 Random. Next()方法产生随机数，书写程序过程中要注意随机数产生的范围。

3.7 强化练习

一、选择题

1. if 语句后面的表达式可以是__________。

A. 逻辑表达式

B. 条件表达式

C. 算术表达式

D. 任意表达式

2. 以下关于 for 循环的说法不正确的是__________。

A. for 循环只能用于循环次数已经确定的情况

B. for 循环是先判定表达式，后执行循环体语句

C. for 循环中，可以用 break 语句跳出循环体

D. for 循环体语句中，可以包含多条语句，但要用花括号括起来

3. while 语句循环结构和 do…while 语句循环结构的区别在于__________。

A. while 语句的执行效率较高

B. do…while 语句编写程序较复杂

C. 无论条件是否成立，while 语句都要执行一次循环体

D. do…while 循环是先执行循环体，后判断条件表达式是否成立，而 while 语句是先判断条 件表达式，再决定是否执行循环体

4. 下面语句执行后 y 的值为__________。

```
int x=0, y=0;
while (x < 10) y += (x += 2);
```

A. 10　　B. 20

C. 30　　D. 55

5. 以下循环语句的执行次数为__________。

```
for (int i=0,x=0; i < 10; i++)
   for (int j=i; j > 0; j--)
      x++;
```

A. 45　　B. 55

C. 81　　　　D. 100

6. 下面的语句中所计算的数学表达式为＿＿＿＿＿＿。

```
for (int x=0, y=1, z=1; z < 10; x += y, y *= ++z) { }
```

A. 1+2+4+6+…+20　　　　B. 1+2+22+23+…+210

C. 1+1*2+2*3+…+9*10　　　　D. 1!+2!+3!+…+10!

7. 有如下程序：

```
class Test
{
    public static void Main()
    {
        int x=1,a=0,b=0;
        switch(x)
        {
            case 0:b++,break;
            case 1:a++,break;
            case 2:a++,b++,break;
        }
        Console.Writeline("a={0},b={1}",a,b);
    }
}
```

其输出结果是＿＿＿＿＿＿。

A. a=2,b=1

B. a=1,b=1

C. a=1,b=0

D. a=2,b=2

8. 下列代码输出正确的是＿＿＿＿＿＿。

```
classprogram
{
    static void Main(string[]  args)
    {
        inti,j;
        for(i=1;i>=0;i--)
            for(j=0;j<=i;j++)
            Console.WriteLine("i*j={0}",i*j);
    }
}
```

A. i*j=0 i*j=0 i*j=0　　　　B. i*j=1 i*j=0 i*j=1

C. i*j=1 i*j=1 i*j=0　　　　D. i*j=0 i*j=1 i*j=0

二、问答题

1. 写出以下程序运行结果。

```
using System;
```

```
class Test
{
    const int N=5;
    public static voidMain ()
    {
        int a=0;
        for(int i=1; i<N; i++)
        {
            int c=0, b=2;
            a+=3; c=a+b;
            Console.Write (c+"" );
        }
    }
}
```

2.写出以下程序运行结果。

```
using System;
class Test
{
    public static voidMain ()
    {
        int s=0;
        for (int i=1;  ; i++)
        {
        if (s>50)  break;
        if (i%2==0)  s+=i;
        }
        Console.writeLine ("i, s="+i+","+s);
    }
}
```

三、编程题

1. 输入年月日计算当天是该年的第几天。

2. 我国古代数学家在《算经》中出了一道题:“鸡翁一,值钱五;鸡母一,值钱三;鸡雏三,值钱一。百钱买百鸡,问鸡翁、母、雏各几何?”意为:公鸡每只5元,母鸡每只3元,小鸡3只1元。用100元买100只鸡,问公鸡、母鸡、小鸡各多少?

3. 求1×1+2×2+…+10×10的值。

4.编写一个控制台应用程序,要求用户输入5个大写字母,如果用户输入的信息不满足要求,提示帮助信息并要求重新输入。

5.编写一个控制台应用程序,求1000之内的所有“完数”。所谓“完数”是指一个数恰好等于它的所有因子之和。例如,6是完数,因为6=1+2+3。

第4章 字符串

4.1 任务导引——单词考试程序

外语课上，老师布置了一个小作业，要求每个同学根据10个单词的中文意思，写出对应的英文单词翻译。可是由于同学太多，老师不能在课堂上检查所有同学的成绩。聪明的王同学帮老师想了一个办法，那就是利用计算机做一个"单词测验程序"，由计算机分别给出每一个单词的中文提示，同学们只需要用键盘敲出对应的英文单词并用空格间隔，每个同学的分数就可以显示在屏幕上了。

可是问题来了，由于每个同学的输入习惯不同，有的同学输入的单词是大写的，有的同学输入的单词是小写的，有的同学喜欢在输入的单词后边添加一个空格，还有的同学喜欢一次把10个答案都输入在一行里，最后按回车。对于计算机这种只能按照约定的指令来执行的做法，显然，处理同学们的各种输入方式是"单词测验程序"要解决的一个大问题。

为了解决这个问题，小王陷入了思考……如图4-1所示。

图4-1 令小王头疼的单词考试系统

4.2 任务分析

由于这个 10 个题目中，每道题的答案都由同学直接输入在屏幕上，因此我们可以接收同学的输入后把它们用字符串保存起来。对于那些不太“合理”的输入，我们可以利用 C＃类库中对字符串的处理方法来对它们进行修改，得到一个统一的格式；然后和事先保存在程序中的答案进行比较，得出对或错的结论；最后统计出所有问题的总分数，即可实现“单词考试系统”的预定功能。

4.3 技术准备

几乎任何一个项目都离不开对字符串的处理，在 C 和C＋＋编程中，许多程序的漏洞都是由于字符串缓冲区溢出而造成的。为了避免在 C＃程序中出现类似的问题，同时也为了使用更方便，C＃中专门设置了两个字符串处理类：String 类和 StringBuilder 类。

字符串是 C＃里常用的一个引用型数据类型。它直接从 Object 类继承而来，在通用类型系统里对应的是 System. String 类。System. String 类是一个功能强大且用途广泛的基类，它提供了很多方法，用于进行字符串的处理。

4.3.1 字符串的声明和创建

声明 String 类时可以用 String，也可以用 string。例如：

```
stringstrl="This is a string .";
```

也可以写为：

```
String myString=" This is a string .";
```

String 类表示的是一系列不可变的字符。说其实例是“不可变的”，是因为无法直接修改给该字符串分配的堆中的字符串，比如在 myString 的后面接上另一个字符串：

```
myString += " andan other string .";
```

其实际操作并不是在原来 myString 所占内存空间的后面直接附加上第二个字符串，而是返回一个新 String 实例，即重新为新字符串分配内存空间。显然，如果这种操作非常多，对内存的消耗是非常大的。

解决这个问题的办法是使用 System. Text. StringBuilder 类。本节我们只介绍 String 类，下一节再介绍 StringBuilder 类的用法。

在 C＃中，语句：

```
string str="C:\\test\\first.cs";
```

也可以表示为：

```
string str=@"C:\test\first.cs";
```

字符串前面的@表示字符串内容原样输出，不使用转义。比较两种表示形式可以看出，前边加上@符号的表示形式要比使用转义符的表示形式更直观。

如果要得到 string 中的某个字符，可以使用类似下面的办法：

```
string myString="some text";
char chFirst=myString[2]; //结果为 m
```

需要注意的是，string 是 Unicode 字符串，即每个英文字母占两个字节，每个汉字也是两个字节。在计算字符串长度时，每个英文字母的长度为 1，每个汉字的长度也是 1。

例如：

```
string str="ab 张三 cde";
Console.WriteLine(str.Length);          //输出结果:7
```

4.3.2 字符串的表示格式

可以使用 Format 方法将字符串表示为规定格式。规定格式的一般形式为：

{N[,M][:格式码]}

其中，

[ ]:其中的内容为可选项。

N:从零开始的整数，表示第几个参数。

M:可选整数，表示最小宽度。若该参数的长度小于 M，就用空格填充；如果 M 为负，则左对齐；如果 M 为正，则右对齐；如果未指定 M，则默认为零。

格式码:可选的格式化代码字符串。

表 4-1 列出了部分格式示例。

表 4-1 部分格式码

格式码	含义	示例:(int i=10;double x=10.5;)	结果
C	将数字按照金额形式输出	Console.WriteLine("{0:C}",i);	￥10.00
		Console.WriteLine("{0:C}",x);	￥10.50
D	输出整数	Console.WriteLine("{0:D}",i);	10
		Console.WriteLine("{0:D5}",i);	00010
F	小数点后位数固定	Console.WriteLine("{0:F}",i);	10.00
		Console.WriteLine("{0:F4}",x);	10.5000

使用格式时必须用“{”和“}”将格式与其他字符分开。

注意:格式化表示形式中有两个特殊的用法：如果恰好在格式中也要使用大括号，可以用连续的两个大括号表示一个大括号；如果希望格式中的字符或字符串包含与格式符相同的字符，但又希望让其原样显示时，可以用单引号将其引起来。

有时可能需要输出一些特殊格式的数字，比如在某些位置使用指定的占位符等，这时需要使用特殊的表示方法。常用的占位符有：

(1)0 占位符。如果数字位数不够指定的占位符位数，则左边补 0 至占位符位数。例如，数字 123 按照“00000”的格式输出结果为 00123；如果数字位数超过指定的占位符位数，则原样输出。例如，12345 按照“000”的格式输出结果为 12345；如果小数部分的位数超出指定的占位符位数，则多余的部分四舍五入。例如，123.64 按照“0000”的格式输出结果为 0124，按照“0000.0”格式输出结果为 0123.6，按照“0000.000”的格式输出结果为 0123.640。可见，0 占位符一般用于输出固定位数的数字。

(2) # 占位符。对整数部分，去掉数字左边的无效 0；对小数部分，按照四舍五入原则处理后，再去掉右边的无效 0。例如，数字 0123 按照“#####”的格式输出结果为 123，按照“##”的格式输出结果仍为 123；123.64 按照“####”的格式输出结果为 124，按照“####.#”格式输出结果为 123.6，按照“###.###”的格式输出结果为 123.64；123.04 按照“###.#”的格式输出结果为 123。注意，如果这个数就是 0，而又不想让它显示的时候，# 占位符很有用。例如，0 按照“#####”的格式什么都不会输出。

下面举例说明格式化字符串的用法。

(1) 在 ToString 中使用 d 格式。

```
int i=12345;
// i.ToString("d")表示将 i 按照实际整数宽度转换为字符串
string str=i.ToString("d");
Console.WriteLine(str);   //结果 12345
// i.ToString("d8")表示将 i 转换为字符串，宽度为 8 位，不够 8 位左边用 0 填充
string str1=i.ToString("d8");
Console.WriteLine(str1);  //结果 00012345
```

(2) 在 string.Format 中使用 d 格式。

```
inti=123;
double j=123.45;
// {0,7:d}表示第 0 个参数，宽度 7 位，不够 7 位左边用空格填充，d 表示十进制整数
string s1=string.Format("the value is {0,7:d}",i);
Console.WriteLine(s1);   //结果 the value is 123
// {0,7:f3}表示第 0 个参数，总宽度 7 位，其中小数部分占 3 位，不够 7 位左边填空格
// f 表示浮点数
string s2=string.Format("the value is {0,7:f3}",j);
Console.WriteLine(s2);      //结果 the value is 123.450
```

(3) 在 ToString 中使用 f 格式。

```
doublei=12345.6789;
// f2 表示浮点数小数部分为 2 位，多余部分四舍五入，不够 2 位时右边补零
string str=i.ToString("f2");
Console.WriteLine(str);  //结果 12345.68
string str1=i.ToString("f6");
Console.WriteLine(str1);  //结果 12345.678900
```

(4) 在 ToString 中使用 n 格式。

```
double i=12345.6789;
```

```
// n表示整数部分从小数点向左每3位用逗号分隔开，小数部分2位，多余部分四舍五入
string str=i.ToString("n");
Console.WriteLine(str);    //结果 12,345.68
// n4表示整数部分从小数点向左每3位用逗号分隔开，小数部分4位，多余部分四舍五入
string str1=i.ToString("n4");
Console.WriteLine(str1);   //结果 12,345.6789
```

(5) 在 ToString 中使用 p 格式。

```
double i=0.126;
// p表示百分数形式
string s=string.Format("the value is {0:p}",i);
Console.WriteLine(s);      //结果 the value is 12.60 %
string str=i.ToString("p");
Console.WriteLine(str);    //结果 12.60 %
```

(6) 日期与时间的格式化表示。

```
DateTime dt=new DateTime(2006,5,25);
// yy表示年占两位，M表示月占1位，超出1位按实际位数
// d表示日占1位，超出1位按实际位数
string str=dt.ToString("yy.M.d");
Console.WriteLine(str);    //结果 06.5.25
//yyyy表示年占4位，M表示月占1位，超出1位按实际位数，其他按原字符输出
string str1=dt.ToString("yyyy年M月");
Console.WriteLine(str1);   //结果 2006年5月
```

(7) 指定位数和对齐方式。

```
int i=123;
double j=123.45;
// {0,-7}表示第0个参数左对齐，占7位，不够7位右边补空格。
// {1,7}表示第1个参数右对齐，占7位，不够7位左边补空格。
string s=string.Format("i:{0,-7}, j:{1,7}", i, j);
Console.WriteLine(s);      //结果 i:123,j: 123.45
```

(8) 使用占位符表示。

```
int i=00012;
string str=string.Format("{0:###,###.00}",i);
Console.WriteLine(str);    //结果 12.00
i=0;
str=string.Format("{0:###}", i);
Console.WriteLine(str);    //结果什么都不输出
```

4.3.3 常用字符串操作方法

使用字符串类型是非常容易的。在 String 类的定义中包含很多方法，可以完成一些常见的任务，只要简单加以选择利用就可以了。String 类的常用方法如表 4-2 所示。

表 4-2 String 类的常用方法

属性/方法	说明
Compare()	比较字符串的内容，考虑文化背景(区域)，确定某些字符是否相等
CompareOrdinal()	与 Compare()方法，但不考虑文化背景(区域)
Concat()	把多个字符串实例合并为一个实例
CopyTo()	把特定数量的字符从选定的下标复制到数组的一个全新实例中
Format()	格式化包含各种值的字符串和如何格式化每个值的说明符
IndexOf()	定位字符串中第一次出现某个给定子字符串或字符的位置
IndexOfAny()	定位字符串中第一次出现某个字符或一组字符的位置
Insert()	把个字符串实例插入另一个字符串实例的指定索引处
Join()	合并字符串数组，建立一个新字符串
padLeft()	在字符串的开头，通过添加指定的重复字符填充字符串
PadRight()	在字符串的结尾，通过添加指定的重复字符填充字符串
Replace()	用另一个字符或子字符串替换字符串中给定的字符或子字符串
Split()	在出现给定字符串的地方，把字符串一个子字符串数组
Substring()	在字符串中获取给定位置的子字符串
ToLower()	把字符串转换为小写形式
ToUpper()	把字符串转换为大写形式
Trim()	删除首尾的空白

下面举例说明一些常用的方法。

1.生成字符串

```
string str1="this is a string.";
string str2=str1;
string str3=new string('a',4);
Console.WriteLine(str3);   //结果为 aaaa
```

2.比较两个字符串

可以用 string.Compare(string strA,string strB)比较两个字符串大小，它返回三种可能的结果：

(1)如果 strA 大于 strB，结果为 1。

(2)如果 strA 等于 strB，结果为 0。

(3)如果 strA 小于 strB，结果为-1。

而 string.Compare(string strA,string strB,bool ignoreCase)在比较两个字符串大小时还可以决定是否区分大小写。

例如，对前面生成的字符串：

```
Console.WriteLine(string.Compare(str1,str2));   //结果为0
Console.WriteLine(string.Compare(str1,str3));   //结果为1
Console.WriteLine(string.Compare(str3,str1));   //结果为-1
```

也可以用 Equals(string a,string b)比较两个字符串是否相等，或者直接使用"=="比较两个字符串是否相等。例如：

```
Console.WriteLine(string.Equals(str1,str2));  //结果为 True
Console.WriteLine(str1 == str2);               //结果为 True
```

3.查找指定字符串在字符串中出现的位置

利用 IndexOf(string str)可以求 str 在字符串中首次出现的位置。

利用 LastIndexOf(string str)可以求 str 在字符串中最后一次出现的位置。

例如，对前面生成的字符串：

```
Console.WriteLine(str1.IndexOf("is"));      //结果为2(注意序号从0开始)
Console.WriteLine(str1.LastIndexOf("is"));  //结果为5
```

4.在一个字符串的指定位置插入指定的字符串

利用 Insert(int startIndex,string str)可以在 startIndex 处插入字符串 str。

例如，对前面生成的字符串：

```
Console.WriteLine(str1.Insert(2,"abc"));  //结果为 thabcis is a string.
```

5.从字符串中删除指定数量的字符

利用 Remove(int startIndex,int count)可以删除从 startIndex 开始的 count 个字符。

例如，对前面生成的字符串：

```
Console.WriteLine(str1.Remove(1,2));  //结果为 ts is a string.
```

6.字符串替换

利用 Replace (string oldStr,string newStr)可以将字符串中所有的 oldStr 替换为 newStr。

例如，对前面生成的字符串：

```
Console.WriteLine(str1.Replace("is","xy"));  //结果为 thxy xy a string.
```

7.分离字符串

利用 Split(char[] separator)可以将字符串按照指定的字符进行分离。

例如，对前面生成的字符串：

```
string[ ] str=str1.Split(' ');
for(int i=0;i < str.Length;i++)
{
```

```
    Console.WriteLine(str[i]);
}
```

输出结果：

```
this
is
a
string.
```

8.把字符串中的字符复制到一个字符数组中

利用 ToCharArray 可以将字符串转换为字符数组。

例如，对前面生成的字符串：

```
char[ ] charArray=new char[20];
charArray=str1.ToCharArray();
```

9.字符串中字母的大小写转换

利用 ToUpper 可以将字符串的所有英文字母转换为大写，利用 ToLower 可以将字符串的所有英文字母转换为小写。

例如，对前面生成的字符串：

```
Console.WriteLine(str1.ToUpper());    //结果为 THIS IS A STRING.
```

10.从字符串开头或结尾删除指定的字符

可以利用 TrimStart 删除字符串首部空格，利用 TrimEnd 删除字符串尾部空格，利用 Trim 删除字符串首部和尾部空格。例如：

```
string s1="    this is a book";
string s2="that is a pen      ";
string s3="    is a pen       ";
Console.WriteLine(s1.TrimStart());     //删除首部空格
Console.WriteLine(s2.TrimEnd());      //删除尾部空格
Console.WriteLine(s3.Trim());         //删除首部和尾部空格
```

11.填充某个字符到字符串中使总长度等于指定长度

利用 PadLeft(总长度，字符)将指定字符重复填充到已有的字符串的左边，使总长度等于指定长度；或者利用 PadRight(总长度，字符)将指定字符重复填充到已有的字符串的右边，使总长度等于指定长度。例如：

```
string str="a";
string str1=str.PadLeft(5,'e');
Console.WriteLine(str1);      //结果为 eeeea
string str2=str.PadRight(5,'e');
Console.WriteLine(str2);      //结果为 aeeee
```

4.4 任务实施

【问题分析】

首先，要求学生输入自己的姓名，然后打印出问题；接下来把学生输入的答案进行处理，将处理后的结果和标准答案进行比较；最后将分数输出到屏幕上。

【程序代码】

```
using System;
using System.Collections.Generic;
using System.Linq;
using System.Text;

namespace WordTest
{
    class Program
    {
        static void Main(string[] args)
        {
            string name;//保存学生姓名
            int grade=0;//整形变量,用来保存成绩
            string answer;//保存学生输入的答案
            string[] temp=new string [10];
            string[] answers=new string[10];//标准答案
            answers[0]="apple";
            answers[1]="red";
            answers[2]="bike";
            answers[3]="door";
            answers[4]="dog";
            answers[5]="bag";
            answers[6]="paper";
            answers[7]="water";
            answers[8]="sky";
            answers[9]="box";
            Console.WriteLine("请输入你的姓名");
            name=Console.ReadLine();
            Console.Write("你好,"+name+",下面开始考试！请写出下列中文含义对应的英文单词。");
            Console.WriteLine("答案之间请用逗号间隔。");
            Console.WriteLine("苹果,红色,自行车,门,狗,书包,纸,水,天空,盒子,学校");
            answer= Console.ReadLine();
            temp=answer.Split(',');//将学生输入的答案进行分割
```

```
                for (int i=0; i < 10; i++)
                {
                    if (temp[i] == answers[i])
                        grade++;

                }
                Console.WriteLine("恭喜你！一共答对了"+grade+"个单词!");
            }
        }
    }
```

【运行结果】(图 4-2)

```
C:\WINDOWS\system32\cmd.exe
请输入你的姓名
小明
你好,小明，下面开始考试！请写出下列中文含义对应的英文单词。答案之间请用逗号间隔
。
苹果，红色，自行车，门，狗，书包，纸，水，天空，盒子，学校
apple,red,bike,door,dog,bag,paper,water,sky,box,school
恭喜你！一共答对了10个单词!
请按任意键继续. . .
```

图 4-2 程序运行结果

4.5 技术拓展

StringBuilder 类位于 System. Text 命名空间下，使用 StringBuilder 类每次重新生成新字符串时不是再生成一个新实例，而是直接在原来字符串占用的内存空间上进行处理，而且它可以动态的地分配占用的内存空间大小。因此，在字符串处理操作比较多的情况下，使用 StringBuilder 类可以大大提高系统的性能。

主要 StringBuilder 类的方法如表 4-3 所示。

表 4-3 StringBuilder 类的常用方法

属性/方法	说明
Append()	给当前字符串添加一个字符串
AppendFormat()	添加特定格式的字符串
Insert()	在当前字符串中插入一个子字符串
Remove()	从当前字符串中删除字符
Replace()	在当前字符串中，用某个字符替换另一个字符，或者用当前字符串的一个子字符串替换另一个字符串
ToString()	把当前字符串转换为 System. String 对象

说明：不能把 StringBuilder 转换为 String。如果要把 StringBuilder 的内容输出为 String，应该使用 ToString()方法。

StringBuilder 类不像 String 类那样有很多方法，StringBuilder 类能够完成的工作仅限于替换、添加和删除字符串的文本。但是从上面的实例可以看出，如果在程序中涉及多次替换文本，用 StringBuilder 可以提高性能。

默认情况下，编译器会自动为 StringBuilder 类型的字符串分配一定的内存容量，也可以在程序中直接修改其占用的字节数。

下面通过一个小例子说明 StringBuilder 类的用法。

```
using System;
using System.Text;
using System.Collections.Generic;
namespaceStringBuilderExample
{
    class Program
    {
        public static void Main()
        {
            StringBuilder str=new StringBuilder();
            Console.WriteLine("字符串是:"{0}",长度:{1}", str, str.Length);
            Console.WriteLine("内存容量分配:{0}", str.Capacity);
            str=new StringBuilder("test string.");
            Console.WriteLine("字符串是:"{0}",长度:{1}", str, str.Length);
            Console.WriteLine("内存容量分配:{0}", str.Capacity);
            str.Append("append another string.");
            Console.WriteLine("字符串是:"{0}",长度:{1}", str, str.Length);
            Console.WriteLine("内存容量分配:{0}", str.Capacity);
            str=new StringBuilder("test string.", 5);
            Console.WriteLine("字符串是:"{0}",长度:{1}", str, str.Length);
            Console.WriteLine("内存容量分配:{0}", str.Capacity);
            str=new StringBuilder("test string.", 40);
            Console.WriteLine("字符串是:"{0}",长度:{1}", str, str.Length);
            Console.WriteLine("内存容量分配:{0}", str.Capacity);
            Console.ReadLine();
        }
    }
}
```

输出结果为：

字符串是:"",长度:0。

内存容量分配:16。

字符串是:"test string.",长度:12。

```
内存容量分配:16。
字符串是:"test string.append another string.",长度:34。
内存容量分配:34。
字符串是:"test string.",长度:12。
内存容量分配:20。
字符串是:"test string.",长度:12。
内存容量分配:40。
```

在这个例子中,创建一个新实例时,其长度为0,内存分配16个字符的容量,然后又创建了一个长度为12的字符串,内存分配仍然是16个字符的容量,但是在添加了一个字符串使总长度为34(超过16个字符的容量)以后,内存会自动根据新字符串的大小重新为其分配容量。

接着程序指定了一个长度为12的字符串,并为其分配5个字符的空间,显然不能保存12个字符,于是系统就成倍地增加指定的容量,从5变成10,仍然不够,再从10变为20,结果给长度为12的字符串分配了20个字符的空间。

最后程序中又给长度为12的字符串指定了40个字符的空间,系统检测到40比12大,于是就按照指定的空间进行分配。

因此,是否指定字符串的容量,要根据实际情况决定。

4.6 本章小结

学完本章后,我们了解以下内容:

(1)字符串是引用类型数据。声明一个字符串实际上是声明了一个在内存中的引用。对字符串修改的时候,实际上是把原来的字符串丢弃,再重新创建一个字符串。原来丢弃掉的字符串会被系统自动回收。

(2)String类提供了很多常用的方法来方便地操作字符串,包括字符串的拆分、连接、查找等。

(3)当对字符串的修改操作频繁时,应该考虑用StringBuilder类。

4.7 强化练习

一、选择题

1. 在C#中,表示一个字符串的变量应使用以下哪条语句定义________。

A. CString str;　　　　B. string str;

C. Dim str as string　　　　D. char * str;

2. 下面的代码,运行后输出的结果为________。

```
string str="abcdedgdh";
Console.WriteLine(str.IndexOf('d'));
```

A. 3　　　　B. 4

C. 5　　　　　　　　　　　　　　　　D. 7

3. C＃中，新建一个字符串变量 str，并将字符串”Tom 's Living Room”保存到串中，则应该使用下列＿＿＿＿＿＿条语句。

A. string str=“Tom\ 's Living Room”;

B. string str=“Tom 's Living Room”;

C. string str(“Tom 's Living Room”);

D. string str(“Tom”s Living Room”);

二、问答题

1. 查看你电脑的 IP 地址，编写程序，提取出 IP 地址的各个组成部分。如输入 IP 地址为“192.168.1.2”，输出为“192　168　1　2”。

2. 编写一个控制台应用程序，接收一个长度大于 3 的字符串，完成下列功能：

(1) 输出字符串的长度。

(2) 输出字符串中第一个出现字母 a 的位置。

(3) 在字符串的第 3 个字符后面插入子串“hello”，输出新字符串。

(4) 将字符串“hello”替换为“me”，输出新字符串。

(5) 以字符“m”为分隔符，将字符串分离，并输出分离后的字符串。

第5章 数组

5.1 任务导引——奖学金评定

新学期开学了，软件技术专业开始了奖学金的评定工作。奖学金的评定规则是：最终学生成绩＝理论课程成绩平均分×0.7＋德育成绩×0.2＋体育成绩×0.1。按照最终成绩的评定名次，一等奖学金2人，二等奖学金5人，三等奖学金10人。软件技术1班有42名同学，上学期共开设了5门课，该班的班长想："可不可以编写一个C#程序，快速计算出各位同学上学期的成绩呢？"

班长找到了"C#程序设计"课程的老师，有了下面的对话：

班长：老师，我们班开始奖学金的评定了，这是奖学金的评定规则，您看能编写个程序计算出来吗？

老师：当然可以啦，用程序计算还不会出错，这个想法很好啊，用C#数组就可以完成这个任务。

班长：老师，怎么写啊，快教教我吧，我最怕算错了，影响各位同学的名次。

5.2 任务分析

要完成项目导引中的问题，需要用到C#中的数组知识，利用数组存放学生的学号和考试成绩，同时还要对产生的数组进行排序。由于需要计算学生的平均成绩，那么该数组中各个元素的类型就应该为double，假定学生的学号格式为入学年份＋学号排序，如20101010，则学生的学号信息也可以用double型存储。

5.3 技术准备

5.3.1 数组概述

C#中，把一组具有同一类型、不同下标的数据称为"数组"，把数组的这些变量称为"数组元素”。可以说，数组是相同数据类型的对象的集合。数组创建后用.NET 框架中提供的 System. Array 类的属性和方法实现对数组的操作。

C# 数组从零开始建立索引，即数组索引从零开始。C# 中数组的工作方式与在大多数其他流行语言中的工作方式类似。

数组具有以下性质：

(1)数组可以是一维、多维或交错的。

(2)数组的下标从 0 开始：具有 n 个元素的数组的索引是从 0 到 n－1。

(3)数组元素可以是任何类型，包括类类型元素。

(4)利用数组下标(索引)可以获取数组元素。

5.3.2 数组的声明

1. 一维数组的声明

如果利用一个下标就可以确定一个元素在数组中的位置，则这个数组称为一维数组。声明一维数组的格式如下：

访问修饰符　类型说明符[] 数组名；

说明：

(1)“访问修饰符”表示数组的访问权限，可以是 private、public、internal。

(2)“数组名”应遵循 C#变量的命名规则。

(3)数据类型说明符用于指明数组的数据类型，如 string、int 等。

(4)与 C、C++不同，C#中数组声明不为数组元素分配存储内存，因此[]中不用指出数组元素的个数(即数组长度)，也就是说数组的大小不是其类型的一部分。

例如：

```
int[] numbers;
string[] names;
```

如果要使用数组，必须为数组元素分配内存空间，这要用到运算符 new。new 运算符用于创建数组并为数组元素设置其默认值。例如，int 类型数组的每个元素的默认值为 0，bool 类型数组每个元素的默认值为 false 等。其格式如下：

访问修饰符　类型说明符[] 数组名＝new 类型说明符[数据长度]；

例如：

```
int[] numbers=new int[5];
```

此为一个整型数组 numbers 分配了 5 个 int 型整数所占据的内存空间。

2. 多维数组的声明

多维数组是指维数大于 1 的数组，常用的多维数组包括二维数组和三维数组。

二维数组的声明格式如下：

访问修饰符　类型说明符[,] 数组名；

或者

访问修饰符　类型说明符[,] 数组名＝new 类型说明符[数据长度，数据长度]；

例如：

```
int[,] numbers=new int[3, 2];
```

声明了一个整型数组 numbers,并为其分配了 3×2 个 int 型整数所占据的内存空间。

3.交错数组的声明

交错数组是 C#中特有的一种数组,它表示数组的数组。交错数组也有多个下标,每个下标都要用一个方括号。与多维数组不同的是,交错数组表示的每个数组元素又是一个数组,而且每个数组的元素个数可以不同。如果按行列来排列数组的元素,可以将交错数组理解为每一行的列数可以相同,也可以不同。

二维交错数组声明格式如下:

```
访问修饰符  类型说明符[ ][ ]  数组名;
```

或者

```
访问修饰符  类型说明符[ ][ ]  数组名=new 类型说明符[行数据长度][];
```

对交错数组进行内存空间的分配时,一般先对一维数组分配空间,然后对每个数组进行空间的分配。例如:

```
int[][] numbers=new int[3][];
for (int i=0; i < numbers.Length; i++)
{
    numbers[i]=new int[i+1];
}
```

声明了一个整型的交错数组 numbers,有三行。每一行又是一个数组,数组元素个数分别为 1,2,3。

5.3.3 数组的初始化

数组可以进行初始化,即为数组元素赋初始值。C#通过将初始值置于大括号{ }内为在声明时初始化数组提供简单而直接的方法。

下面的示例表明了初始化不同类型数组的一般方法。

1. 一维数组

```
int[] numbers=new int[5] { 1, 2, 3, 4, 5 };
string[] names=new string[3] { "Matt", "Joanne", "Robert" };
```

可忽略数组的大小,如下表示:

```
int[] numbers=new int[] { 1, 2, 3, 4, 5 };
string[] names=new string[] { "Matt", "Joanne", "Robert" };
```

如果在申明数组变量的同时进行初始化,还可以省略 new 子句,如下表示:

```
int[] numbers={ 1, 2, 3, 4, 5 };
string[] names={ "Matt", "Joanne", "Robert" };
```

2. 二维数组

```
int[,] numbers=new int[3, 2] { { 1, 2 }, { 3, 4 }, { 5, 6 } };
string[,] siblings=new string[2, 2] { { "Mike", "Amy" }, { "Mary", "Albert" } };
```

可忽略数组的大小,如下表示:

```
int[,] numbers=new int[, ] { { 1, 2 }, { 3, 4 }, { 5, 6 } };
string[,] siblings=new string[, ] { { "Mike", "Amy" }, { "Mary", "Albert" } };
```

如果在申明数组变量的同时进行初始化,还可以省略 new 子句,如下表示:

```
int[,] numbers={ { 1, 2 }, { 3, 4 }, { 5, 6 } };
string[,] siblings={ { "Mike", "Amy" }, { "Mary", "Albert" } };
```

3. 交错数组

可以像下面这样初始化交错数组：

```
int[][] numbers=new int[2][] { new int[]{2,3,4},new int[]{5,6,7,8,9} };
```

或

```
int[][] numbers={ new int[]{2,3,4},new int[]{5,6,7,8,9} };
```

【例 5-1】声明并初始化数组。

```
using System;
using System.Collections.Generic;
using System.Linq;
using System.Text;
namespace_5_1
{
  classArray
    {
        static void Main(string[] args)
        {
            int[] array1=new int[] {1,2,3};
            int[,] array2=new int[,] { {1,2,3},{4,5,6},{7,8,9}};
            int[][] array3=new int[3][];
            array3[0]=new int[] {1,2,3 };
            array3[1]=new int[] { 1, 2, 3, 4, 5, 6 };
            array3[1]=new int[] { 1, 2, 3, 4, 5, 6, 7, 8, 9};
        }
    }
}
```

5.3.4 数组元素的使用

当定义了一个数组，并利用 new 运算符为数组分配了内存空间之后，就可以通过数组下标访问数组中的每一个数组元素。访问数组元素的方式如下：

数组名[index]

其中：

index 为数组下标，可以为整型常量或者是表达式，如 a[4]，b[i+2]等。下标从 0 开始，一直到数组的长度－1。对于 new int[100]的 score 数组，它有 100 个数组元素，分别为：

score[0]，score[1]，score[2]，……，score[99]

若声明整型数组，未对整型数组元素赋值，则每个数组元素值均为 0。

【例 5-2 】整型数组初值。

```
using System;
```

```
using System.Collections.Generic;
using System.Linq;
using System.Text;
namespace_5_2
{
  classArray
  {
        static void Main(string[] args)
        {
            int i=10;
            int[] array=new int[i];
            for (int j=0; j < i; j++)
            {
                Console.WriteLine(array[j]);
            }
        }
    }
}
```

程序运行结果如图 5-1 所示。

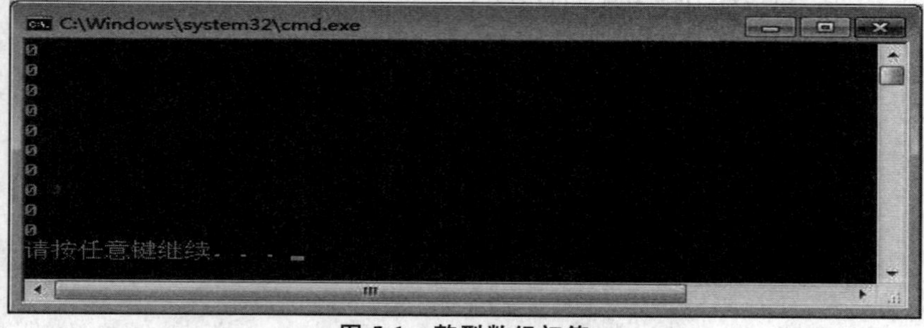

图 5-1　整型数组初值

在使用数组下标访问数组时,C#将对数组元素进行越界检查以保证安全性。当下标超界时,将会抛出异常。

【例 5-3】数组下标超界。

```
using System;
using System.Collections.Generic;
using System.Linq;
using System.Text;
namespace_5_3
{
  classArray
  {
        static void Main(string[] args)
        {
```

```
            int i=10;
            int[] array=new int[i];
            for (int j=0; j <= i; j++)
            {
                Console.WriteLine(array[j]);
            }
        }
    }
}
```

程序运行结果如图 5-2 所示。

图 5-2　数组超出界限

C#中,数组实际上是对象。System.Array 是所有数组类型的抽象基类型。任何数组都可以使用 System.Array 提供的属性和方法。

数组的主要属性如下:

(1)Length 属性:获取数组的长度。

(2)Rank 属性:获取数组的维度。

数组的主要方法如下:

(1)Sort:排序。静态方法,通过类名调用,例如:Array.Sort(数组名)。

(2)Copy:拷贝。两个不同数组之间的拷贝,相当于循环复制。

【例 5-4】　数组属性的使用方法。

```
using System;
using System.Collections.Generic;
using System.Linq;
using System.Text;
namespace_5_4
{
  class Program
  {
        static void Main(string[] args)
```

```
        {
            int[] intArray=new int[10];
            string[,] strArray=new string[5,4];
            Console.WriteLine("一维数组长度{0},维度{1}", intArray.Length,intArray.Rank);
            Console.WriteLine("二维数组长度{0},维度{1}", strArray.Length, strArray.Rank);
        }
    }
}
```

程序运行结果如图 5-3 所示。

图 5-3 数组属性的使用

【例 5-5】 整型数组排序。

```
using System;
using System.Collections.Generic;
using System.Linq;
using System.Text;
namespace_5_5
{
  class Program
  {
        static void Main(string[] args)
        {
            int[] array=new int[10];
            Random rand=new Random();
            for (int i=0; i < 10; i++)
            {
                array[i]=rand.Next(0, 100);
            }
            for (int i=0; i < 10; i++)
            {
                Console.Write(array[i]+"  ");
            }
            Console.WriteLine();
            Array.Sort(array);
            Console.WriteLine("排序后:");
```

```
            for (int i=0; i < 10; i++)
            {
                Console.Write(array[i]+"  ");
            }
            Console.WriteLine();
        }
    }
}
```

程序运行结果如图 5-4 所示。

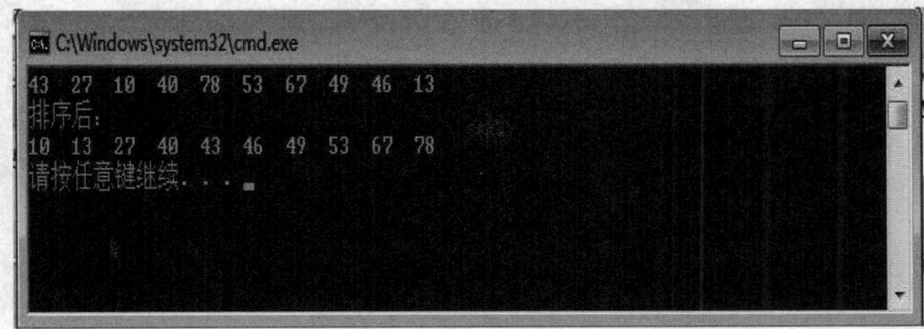

图 5-4　整型数组排序

C#中还提供了 foreach 语句。该语句提供了一种简单的方法来遍历数组元素或集合中的元素。该语句的一般格式如下：

foreach(变量类型 遍历变量 in 数组或集合)语句

注意:遍历变量的类型应和数组或集合的类型一致。

例如：

```
int[] numbers=new int[] { 1, 2, 3, 4, 5 };
    foreach (int i in numbers)
    {
        Console.WriteLine(i);
    }
```

5.3.5　数组程序举例

【例 5-6】　输入 5 个数,求其中最大值。

```
using System;
using System.Collections.Generic;
using System.Linq;
using System.Text;
namespace_5_6
{
  class Program
  {
```

```
            static void Main(string[] args)
            {
                int[] num=new int[5];
                int max=0;
                Console.WriteLine("请输入5个数:");
                for (int i=0; i < num.Length; i++)
                {
                    num[i]=Convert.ToInt32(Console.ReadLine());
                }
                for (int i=1; i < num.Length; i++)
                {
                    if (max < num[i])
                        max=num[i];
                }
                Console.WriteLine("最大值为:{0}", max);
                Console.ReadLine();
            }
        }
    }
```

程序运行结果如图5-5所示。

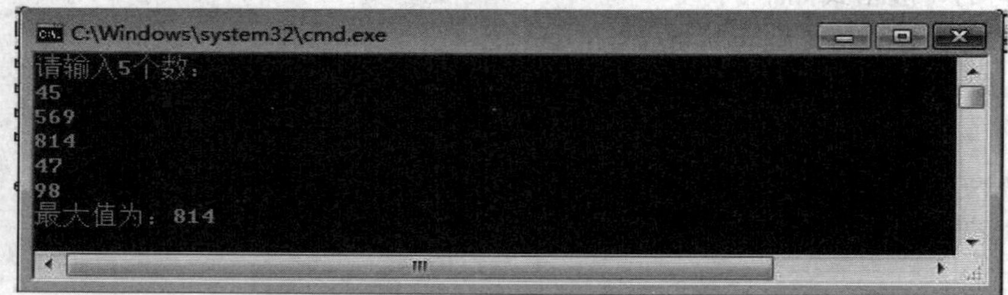

图5-5 程序运行结果

【例5-7】斐波那契数列。

假定你有一雄一雌一对刚出生的兔子,它们在长到一个月大小时开始交配,在第二月结束时,雌兔子产下另一对兔子,过了一个月后它们也开始繁殖,如此这般持续下去。每只雌兔在开始繁殖时每月都产下一对兔子,假定没有兔子死亡,在一年后总共会有多少对兔子?

在一月底,最初的一对兔子交配,但是还只有1对兔子;在二月底,雌兔产下一对兔子,共有2对兔子;在三月底,最老的雌兔产下第二对兔子,共有3对兔子;在四月底,最老的雌兔产下第三对兔子,两个月前生的雌兔产下一对兔子,共有5对兔子……如此这般计算下去,兔子对数分别是:1, 1, 2, 3, 5, 8, 13, 21, 34, 55,89, 144, ...看出规律了吗?从第3个数目开始,每个数目都是前面两个数目之和。这就是著名的斐波那契(Fibonacci)数列。

Fibonacci数列的数学表达式就是:

```
F(n)=F(n-1)+F(n-2)
F(1)=1
F(2)=1
```

程序如下：

```
using System;
using System.Collections.Generic;
using System.Linq;
using System.Text;
namespace_5_7
{
  class Program
  {
        static void Main(string[] args)
        {
            int[] fib=new int[10];
            fib[0]=1;
            fib[1]=1;
            for (int i=2; i < 10; i++)
            {
                fib[i]=fib[i -1]+fib[i -2];
            }
            for (int i=0; i < 10; i++)
            {
                Console.WriteLine("fib["+i+"]={0}", fib[i]);
            }
        }
    }
}
```

程序运行结果如图 5-6 所示。

图 5-6　斐波那契数列

【例 5-8】　冒泡法排序和选择法排序。

(1)冒泡法排序。

冒泡排序(BubbleSort)的基本概念是:依次比较相邻的两个数,将小数放在前面,大数放在后面。即在第一趟:首先比较第 1 个和第 2 个数,将小数放前,大数放后。然后比较第 2 个数和第 3 个数,将小数放前,大数放后,如此继续,直至比较最后两个数,将小数放前,大数放后。至此第一趟结束,将最大的数放到了最后。在第二趟:仍从第一对数开始比较(因为可能由于第 2 个数和第 3 个数的交换,使第 1 个数不再小于第 2 个数),将小数放前,大数放后,一直比较到倒数第二个数(倒数第一的位置上已经是最大的),第二趟结束,在倒数第二的位置上得到一个新的最大数(其实在整个数列中是第二大的数)。如此下去,重复以上过程,直至最终完成排序。

程序如下:

```
using System;
using System.Collections.Generic;
using System.Linq;
using System.Text;
namespace_5_8_1
{
  class Program
  {
        static void Main(string[] args)
        {
            int temp;
            int[] num=new int[100];
            Random rand=new Random();
            for (int i=0; i < num.Length; i++)
            {
                num[i]=rand.Next(100, 1000);
            }
            for (int i=0; i < num.Length-1; i++)
            {
                for (int j=0; j < num.Length-1-i; j++)
                {
                    if (num[j] > num[j+1])
                    {
                        temp=num[j];
                        num[j]=num[j+1];
                        num[j+1]=temp;
                    }
                }
            }
            for (int result=0; result < num.Length; result++)
            {
                Console.Write(num[result]+" ");
            }
            Console.WriteLine();
            Console.ReadLine();
        }
    }
}
```

(2)选择法排序。

n 个记录的文件的直接选择排序可经过 n−1 趟直接选择排序得到有序结果:

①初始状态:无序区为 R[1..n],有序区为空。

②第 1 趟排序。

在无序区 R[1..n]中选出关键字最小的记录 R[k],将它与无序区的第 1 个记录 R[1]交换,使 R[1..1]和 R[2..n]分别变为记录个数增加 1 个的新有序区和记录个数减少 1 个的新无序区。

③第 i 趟排序。

第 i 趟排序开始时,当前有序区和无序区分别为 R[1..i－1]和 R(i..n)。该趟排序从当前无序区中选出关键字最小的记录 R[k],将它与无序区的第 1 个记录 R 交换,使 R[1..i]和 R 分别变为记录个数增加 1 个的新有序区和记录个数减少 1 个的新无序区。

这样,n 个记录的文件的直接选择排序可经过 n-1 趟直接选择排序得到有序结果。

程序如下:

```
using System;
using System.Collections.Generic;
using System.Linq;
using System.Text;
namespace_5_8_2
{
  class Program
  {
        static void Main(string[] args)
        {
            int temp;
            int[] num=new int[100];
            Random rand=new Random();
            for (int i=0; i < num.Length; i++)
            {
                num[i]=rand.Next(100, 1000);
            }
            for (int i=0; i < num.Length; i++)
            {
                for (int j=i+1; j < num.Length-1; j++)
                {
                    if (num[i] > num[j])
                    {
                        temp=num[i];
                        num[i]=num[j];
                        num[j]=temp;
                    }
                }
            }
            for (int result=0; result < num.Length; result++)
```

```
            {
                Console.Write(num[result]+" ");
            }
            Console.WriteLine();
                Console.ReadLine();
        }
    }
}
```

【例 5-9】杨辉三角形。

要求：首先在键盘输入数字 N 行，回车后，储存并输出杨辉三角各元素。什么是杨辉三角？例如：

```
1
1  1
1  2  1
1  3  3  1
1  4  6  4  1
1  5  10  10  5  1
……
```

数组有什么规律？其规律为：数组中第一列的数值都是 1，接着后面的每一个元素的值都等于该行上一行对应元素和上一行对应前一个元素的值之和。

方法一，利用二维数组输出杨辉三角形。

程序如下：

```
using System;
using System.Collections.Generic;
using System.Linq;
using System.Text;
namespace_5_9_1
{
  class Program
  {
        static void Main(string[] args)
        {
            int x, y;
            int[,] yhsj= new int[10, 10];
            for (x=0; x <10; x++)
            {
                for (y=0; y <= x; y++)
                {
                    if (x == y || y == 0)
```

```
                yhsj [x, y]=1;
            else
                yhsj [x, y]=yhsj [x -1, y-1]+yhsj [x -1, y];
            Console.Write(yhsj [x, y]+" ");
        }
        Console.WriteLine();
    }
    Console.ReadLine();
  }
 }
}
```

方法二,利用交错数组输出杨辉三角形。

程序如下:

```
using System;
using System.Collections.Generic;
using System.Linq;
using System.Text;
namespace_5_9_2
{
  class Program
  {
      static void Main(string[] args)
      {
          int[][] yhsj=new int[10][];
          int i, j;
          for (i=0; i < 10; i++)
              yhsj[i]=new int[i+1];
          for (i=0; i < 10; i++)
          {
              yhsj[i][0]=1;
              yhsj[i][i]=1;
          }
          for (i=2; i < 10; i++)
              for (j=1; j < i; j++)
                  yhsj[i][j]=yhsj[i -1][j -1]+yhsj[i -1][j];
          for (i=0; i<10; i++)
          {
              Console.WriteLine();
              for (j=0; j<= i; j++)
                  Console.Write("{0} ", yhsj[i][j]);
          }
```

```
            Console.ReadLine();
        }
    }
}
```

5.4 任务实施

在学习了本章的知识点后，我们就本章导引部分提出的问题，使用数组知识点来解决，包括一维数组、二维数组的使用和二维数组的排序。

【问题分析】

步骤一：建立一个二维数组来存储学生的成绩 42 行 9 列，每一行代表一个学生，第 0 列表示学生学号，第 1～5 列表示理论课程成绩，第 6 列表示德育成绩，第 7 列表示体育成绩，第 8 列表示根据项目导引中的公式计算出的该学生的最终成绩，如表 5-1 所示。

表 5-1　学生成绩的二维数组表示

	学号	课程 1 成绩	课程 2 成绩	课程 3 成绩	课程 4 成绩	课程 5 成绩	德育成绩	体育成绩	最终成绩
示例	20102101	78	92	82	79	95	86	95	86.34

步骤二：，输入 42 名学生的学号及其成绩，计算每名学生的最终成绩。

步骤三：根据学生的最终成绩进行二维数组排序。

步骤四：输出学生成绩名次排名表。

【程序代码】

```
using System;
using System.Collections.Generic;
using System.Linq;
using System.Text;
namespacechapter5
{
  class Program
  {
        const int m =42, n=9;
        static void Main(string[] args)
        {
            double[,] chengji=new double[m, n];
           //输入 42 名学生的理论课成绩、德育成绩和体育成绩，同时计算该学生最终成绩。
            Random rand=new Random();
            for (int i=0; i < m; i++)
            {
```

```
        Console.WriteLine("输入第{0}名学生学号",i+1);
        chengji[i, 0]=Convert.ToDouble(Console.ReadLine());
        Console.WriteLine("输入第{0}名学生5门理论课成绩、德育成绩和体育成绩", i+1);
        for (int j=1; j < 8; j++)
        {
            chengji[i, j] =Convert.ToDouble ( Console.ReadLine());
        }
        double sum=chengji[i,1]+chengji[i,2]+chengji[i,3]+chengji[i,4]+chengji[i,5];
        double avage=sum/5;
        chengji[i, 8]=avage * 0.7+chengji[i, 6] * 0.2+chengji[i, 7] * 0.1;
    }
    //输出学生为排序前学生成绩表
    Console.WriteLine("学生成绩单:");
    Console.WriteLine("学号\t课程1\t课程2\t课程3\t课程4\t课程5\t德育\t体育\t最终");
    for (int i=0; i < m; i++)
    {
        for (int j=0; j < n; j++)
        {
            Console.Write(chengji[i, j]+"\t");
        }
        Console.WriteLine();
    }
    //学生成绩二维数组根据最终成绩进行排序
    for (int i=0; i < m; i++)
    {
        for (int j=i+1; j < m; j++)
        {
            if (chengji[i, 8] < chengji[j, 8])
            {
                double[] temp=new double[] {
                                                chengji[i, 0],
                                                chengji[i, 1],
                                                chengji[i, 2],
                                                chengji[i, 3],
                                                chengji[i, 4],
                                                chengji[i, 5],
                                                chengji[i, 6],
                                                chengji[i, 7],
                                                chengji[i, 8]
                                            };
```

```
                    chengji[i, 0]=chengji[j, 0];
                    chengji[i, 1]=chengji[j, 1];
                    chengji[i, 2]=chengji[j, 2];
                    chengji[i, 3]=chengji[j, 3];
                    chengji[i, 4]=chengji[j, 4];
                    chengji[i, 5]=chengji[j, 5];
                    chengji[i, 6]=chengji[j, 6];
                    chengji[i, 7]=chengji[j, 7];
                    chengji[i, 8]=chengji[j, 8];
                    chengji[j, 0]=temp[0];
                    chengji[j, 1]=temp[1];
                    chengji[j, 2]=temp[2];
                    chengji[j, 3]=temp[3];
                    chengji[j, 4]=temp[4];
                    chengji[j, 5]=temp[5];
                    chengji[j, 6]=temp[7];
                    chengji[j, 7]=temp[7];
                    chengji[j, 8]=temp[8];
                }
            }
        }
        //输出学生为排序前学生成绩表
        Console.WriteLine("排序后学生成绩单:");
        Console.WriteLine("学号\t课程 1\t课程 2\t课程 3\t课程 4\t课程 5\t德育\t体育\t最终");
        for (int i=0; i < m; i++)
        {
            for (int j=0; j < n; j++)
            {
                Console.Write(chengji[i, j]+"\t");
            }
                Console.WriteLine();
        }
        Console.ReadLine();
    }
  }
}
```

【运行结果】(图 5-7)

```
C:\Windows\system32\cmd.exe
1058    60      69      71      61      72      54      77      65.12
1001    90      99      66      88      72      68      55      77.2
排序后学生成绩单:
学号    课程1   课程2   课程3   课程4   课程5   德育    体育    最终
1076    92      55      98      93      92      97      90      88.6
1089    86      99      83      92      83      82      80      86.42
1031    93      81      99      65      73      87      87      83.84
1023    91      98      94      95      63      66      66      83.14
1073    96      99      76      91      89      98      98      82.94
1058    80      80      85      93      99      87      87      82.48
1069    93      86      68      72      58      87      87      80.88
1089    98      86      98      54      93      97      97      80.76
1040    67      86      91      52      90      83      98      80.44
1081    62      90      77      75      75      67      67      79.56
1087    78      67      94      99      64      50      50      79.28
1042    89      90      93      85      59      88      88      79.24
1059    93      55      88      93      93      93      93      78.98
1080    84      82      94      73      60      93      93      78.52
1043    80      78      60      94      61      82      97      78.32
1090    90      81      72      86      71      81      81      78.3
1078    82      88      64      59      60      88      88      78.02
1098    62      96      52      78      82      67      67      77.9
1014    67      86      52      90      58      96      96      77.62
1091    87      59      88      69      94      75      75      77.48
1001    90      99      66      88      72      68      55      77.2
```

图 5-7　奖学金评定程序运行结果

5.5　技术拓展

在实际开发过程中,还经常涉及数组的复制,下面给出 4 种方式实现数组的复制。

(1)利用循环。

```
int[] oldArray={1, 3, 5, 7 };
int[] newArray=new int[oldArray.Length];
for (int i=0; i != newArray.Length; i++)
{
newArray[i]=oldArray[i];
}
```

(2)使用数组对象中的 CopyTo(Array array,int index)。

array:复制目标数组名。

index:开始复制处的源数组索引。

```
int[] oldArray={1, 3, 5, 7 };
int[] newArray=new int[oldArray.Length];
oldArray.CopyTo(newArray, 0);
```

(3)使用 Array 类的一个静态方法 Copy(Array sourceArray,Array disArray,int length)。

sourceArray:源数组名。

disArray:目标数组名。

length:复制长度。

```
int[] oldArray={1, 3, 5, 7 };
int[] newArray=new int[oldArray.Length];
Array.Copy(oldArray, newArray, oldArray.Length);
```

(4)使用 Array 类中的一个实例方法 Clone()。

Clone()方法返回的是一个对象,所以要强制转换成恰当的类类型。

```
int[] oldArray={ 9, 3, 7, 2 };
int[] newArray=(int[])oldArray.Clone();
```

5.6　本章小结

通过本章的内容,我们已经学习了数组的常用方法,包括一维数组、二维数组的声明与初始化、数组元素的使用、一维数组的两种排序方法等。下面对本章知识进行小结。

(1)数组是有序数据的结合,数组中的每个数据称为数组元素,数组中的数组元素是同一类型的。

(2)数组在使用前,需要对数组进行声明、初始化。

(3)数组元素的使用是利用数组下标(索引),数组下标从 0 开始。

(4)数组包括一维数组、多维数组和交错数组。

(5)交错数组在使用时需先声明行,在为每一行分配不同的存储空间。

(6)数组常用的操作包括:排序、复制等。

(7)对数组进行操作时经常使用循环语句:for、foreach。

(8)解决数组的问题包括三个步骤:数组初始化、运算、数组元素的打印输出。

5.7　强化练习

一、选择题

1. 下列语句创建了 int 型数组在内存中占据__________个内存空间。

```
int[,] intArray=new int [3,4];
```

A. 12　　B. 24

C. 48　　D. 60

2. 下列的数组定义语句,不正确的是__________。

A. int a[]=new int[5]{1,2,3,4,5}

B. int[,]a=new inta[3][4]

C. int[][]a=new int [3][];

D. int []a={1,2,3,4};

3. 下面是几条定义并初始化二维数组的语句,其中正确的是__________。

A. int arr3[][]=new int[4,5];

B. int [][] arr3=new int[4,5];

C. int arr3[,]=new　int[4,5]

D. int[,] arr3=new int[4,5];

4. 在 C# 中,下列代码的运行结果是__________。

```
int []age=new int[]{16,18,20,14,22};
foreach(int i in age)
{
    if(i>18)
        continue;
    Console.WriteLine(i.ToString()+" ");
}
```

A. 16 18 20 14 22

B. 16 18 14 22

C. 16 18 14

D. 16 18

5.若多维数组 a 有 4 行 3 列,那么数组中第 10 个元素的写法为__________。

A. a[10]　　B. a[2,1]

C. a[3,0]　　D. a[4,1]

6.下面是关于数组的描述,正确的有__________。

A. 在数组中使用整型值作为索引来访问数组元素;

B. 每一个维度的索引从 0 开始

C. 方括号内的索引在数组名称之后

D. 当数据被创建之后,每一个元素被自动初始化为类型的默认值,对于预定义的类型,整型默认值是 0,浮点型的默认值为 0.0,布尔型的默认值为 false,而引用类型的默认值则是 null

7.下面是关于数组类型的描述,正确的有__________。

A.数组实际上是由一个变量名称表示的一组同类型的数据元素

B.每个元素通过变量名称和一个或多个方括号中的索引名称来访问

C.数组一旦被创建,大小就固定了

D.数组索引号是从 0 开始的,如果维度长度是 n,索引号范围是从 0 到 n-1。

8.以下程序的输出结果是:

```
ClassTest
{
    Public Static void main()
    {
        int i;
        int []a=new int[10];
        for(i=9;i>=0;i--)
            a[i]=10-i;
        Console.Writeline("{0},{1},{2}",a[2],a[5],a[8]);
    }
}
```

A. 2,5,8

B. 7,4,1

C. 8,5,2

D. 3,6,9

9. 有定义语句：int [,]a=new int[5,6];则下列正确的数组元素的引用是________。

A. a(3,4)

B. a(3)(4)

C. a[3][4]

D. a[3,4]

10. 下列程序段执行后，a[4]的值为________。

int []a={1,2,3,4,5};a[4]=a[a[2]];

A. 2　　B. 3

C. 4　　D. 5

二、问答题

1. 写出以下程序的运行结果。

```
classTest
{
    public static voidMain( )
    {
        int oddsum=0;
        int evensum=0;
        int[ ] arr={1,5,2,3,6,7,12,15};
        foreach (int k in arr)
        {
            if (k%2= =0)
            evensum+=k;
            else
            oddsum+=k;
        }
        Console.WriteLine("evensum={0}",evensum);
        Console.WriteLine("oddsum={0}",oddsum);
    }
}
```

2. 写出以下程序的运行结果。

```
using System;
class Test
{
    public static voidMain ()
    {
        int[ ] a ={2,4,6,8,10,12,14,16,18};
        for (int i=0; i<9; i++)
        {
            Console.write("   "+a[i]);
            if ((i+1)%3==0) Console.writeLine();
        }
    }
}
```

三、编程题

1. 输出二维数组中的最大值和最大值的数组下标。

2. 求一个3阶数字矩阵对角线的和，数字矩阵如下：

1	2	3
4	5	6
7	8	9

3. 利用数组产生双色球红球。33选6，要求随机产生6个数，每个数在1～33范围内，每个数不相同。

4. 找出一个二维数组中的鞍点，即该位置上的元素在该行上最大，在该列上最小；也可能没有鞍点。

第6章 泛型和泛型集合

6.1 任务导引——音乐播放器

在结束了“五一”假期后，小王坐上了返校的火车。听着周杰伦的音乐，他想起了老师在假期前布置的作业。作业的题目是：用 C# 实现一个“模拟音乐播放器”，需要实现如下功能：

- 向播放器添加音乐，存放在播放器的音乐库中。
- 允许用户创建本地播放列表，并添加在音乐库中的音乐。
- 播放本地播放列表中音乐的功能，包括顺序、随机两种模式。
- 删除音乐库中的某一个音乐，同时在播放列表中对其删除。

小王苦苦思考着老师的作业，他初步的想法是：

(1)创建一个 n 行 2 列的二维数组 MusicList，用行来存储音乐信息，每行的第 1 列用来表示音乐的编号，第 2 列表示音乐的名称。

(2)创建一个参差数组作为播放列表 PlayList。每行代表一个播放列表，行中的数组元素用来存储音乐库中的音乐的编号。

小王想了想，总觉得用数组来存储音乐信息有些不合适，他在纸上列出了他想到的问题：

(1)MusicList 数组中 n 值的选取：n 的值如果设计的过大，则造成存储空间的浪费；n 的值如果过小，则存储的数目就会很小。

(2)同样，参差数组 PlayList 也存在着存储空间的问题，由于播放列表中的数据是动态的，为 PlayList 分配多少行空间和列空间是不好处理的。

(3)删除某个音乐后，不仅涉及 PlayList 中数组的变化，还涉及 MusicList 中元素的移动，这是不好实现的。

小王打开随身携带的 C# 教材，他的目光落在了“泛型和泛型集合”这一章。翻看着教材中的内容，小王高兴地说：“泛型集合应该能够实现吧。”。

6.2 任务分析

上一节中老师布置的作业，利用 C# 数组是难以实现的。因为数组是一个线性的序列。虽然它可以快速访问其中的元素，但是速度是要付出代价的，。当创建了一个数组之后，它的容量就固定了,而且在其生命周期里是不能改变的。数组会做边界检查,当数组越界访问时,会抛出异常。

C#数组要求数组中的元素类型应该是相同的,例如上节中的播放器存储的是音乐,但如果播放器还可以播放视频呢?利用数组设计播放列表,就会产生装箱和拆箱的问题。

为了解决数组带来的问题,C#中提出了泛型和泛型集合的概念,使用泛型类型可以最大限度地重用代码、保护类型的安全以及提高性能。

泛型最常见的用途是创建泛型集合类。

6.3　技术准备

6.3.1　泛型概念的引入

在编写程序过程中,经常遇到两个模块的功能非常相似,只是一个是处理 int 数据,另一个是处理 string 数据,或者其他自定义的数据类型。例如:下面代码声明了一个堆栈,用来存储 int 型数据。

```
public class Stack
{
  private int[] m_item;
    public int Pop(){…}
  public void Push(int item){…}
}
```

当我们需要一个栈来保存 string 类型时,就需要重新编写一个功能相似的类。如果需要处理其他类型呢?解决这样的办法可以使用 object 类,修改上面的类,可以写为:

```
public class Stack
{
   private object[] m_item;
       public object Pop(){…}
   public void Push(object item){…}
}
```

这个类可以接收所有类型,非常灵活。但这种方式存在缺陷。首先,可以将引用类型的值(例如 Student 类的实例)存入 Stack,但是当调用 Pop()方法将对象弹出堆栈时,必须进行类型的显示转换。

```
Stack stack=new Stack();
stack.Push(new Student());
Student stu=(Student)stack.PoP();
```

这样的代码编写起来非常繁琐,也容易出现错误。

此外,如果将一个值类型数据(如 int)存入 Stack,该值将自动被装箱,弹出该值时需要进行拆箱操作,将数据转换为相应值类型(如 int)。

```
Stack stack=new Stack();
```

```
stack.Push(10);
int i=(int)stack.PoP();
```

这样反复进行装箱和拆箱的操作，将增加处理器的负担，非常影响程序的性能。

泛型概念的引入就是为了解决这类问题。泛型是C#非常重要的概念，通过泛型可以定义类型安全的数据结构，而无须使用实际的数据类型。这能够显著提高性能并得到更高质量的代码，因为可以重用数据处理算法，而无须复制类型特定的代码。

6.3.2 泛型类

泛型类的声明格式如下：

```
访问修饰符  class  类<类型形参表>
{
    类体;
}
```

泛型类的声明和普通类的声明区别在于其中增加了一个<类型形参表>，每个类型形参都是一个简单标识符，代表了一个创建泛型类而提供的类型实参的占位符，类型形参是使用具体的类型，下面代码声明了一个泛型 Stack。

```
public class Stack<T>
    {
      private T[] m_item;
      public T Pop(){…}
      public void Push(T item){…}
    }
```

这个 Stack 并没有规定存储数据的具体类型，在应用该泛型类时需指明形参 T 的具体类型，下面代码指定用 string 作为 T 的实参。

```
Stack<string> stack=new Stack<string>;
stack. Push("Hello World!");
string str=stack.Pop();
```

在 Stack<string>类型中，出现的每一个 T 类型，都被替换为实参 string。创建 Stack<T>提供了更高的存储效率。

【例 6-1】泛型类声明使用。

```
using System;
using System.Collections.Generic;
using System.Linq;
using System.Text;
namespace_6_1
{
  class Generic<T>
  {
      public T Field;
  }
```

```
class Program
{
    public static void Main()
    {
        Generic<int> g1=new Generic<int>();
        g1.Field=20;
        Generic<string> g2=new Generic<string>();
        g2.Field="Hello";
        Generic<double> g3=new Generic<double>();
        g3.Field=3.14;
        Console.WriteLine("泛型类实参为 int:{0}",g1.Field);
        Console.WriteLine("泛型类实参为 string:{0}", g2.Field);
        Console.WriteLine("泛型类实参为 double:{0}", g3.Field);
    }
}
}
```

程序运行结果如图 6-1 所示。

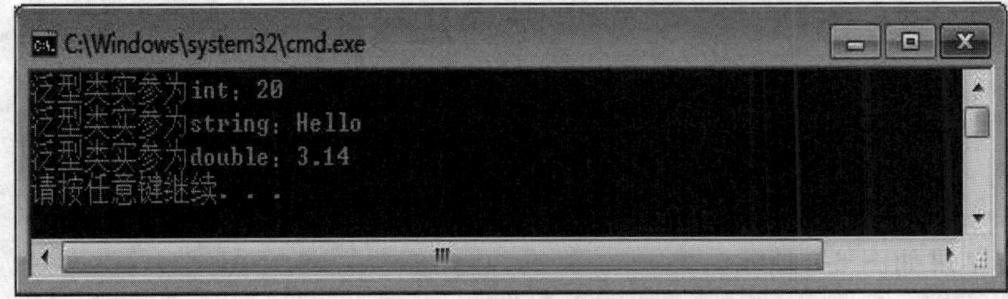

图 6-1　程序运行结果

6.3.3　泛型方法

泛型类是使用类型参数声明的一种特殊的类型。与泛型类相似,泛型方法是在声明中包含了类型形参的方法,泛型方法可以在类中声明,类可以是泛型类也可以是非泛型类。泛型方法声明格式如下:

```
访问修饰符　返回值类型　方法名<类型形参表>(形参列表)
{
    方法体;
}
```

声明泛型方法,与声明普通方法唯一区别就是其中增加了一个<类型形参表>。下面例子说明了泛型方法的声明和调用。

【例 6-2】泛型方法声明使用。

```
using System;
using System.Collections.Generic;
using System.Linq;
```

```
using System.Text;
namespace_6_2
{
    class Program
    {
        static void Swap<T>(ref T first, ref T second)
        {
            T temp;
            temp=first;
            first=second;
            second=temp;
        }
        public static void Main()
        {
            int a=1, b=2;
            string str1="Hello", str2="C#";
            Swap<int>(ref a, ref b);
            Swap<string>(ref str1, ref str2);
            Console.WriteLine("a={0},b={1}",a,b);
            Console.WriteLine("str1={0},str2={1}",str1,str2);
        }
    }
}
```

程序运行结果如图 6-2 所示。

图 6-2　程序运行结果

6.3.4 泛型集合类

泛型最常见的用途是泛型集合类，命名空间 System. Collections. Generic 中包含了集中常用类，使用泛型集合类可以提供更高的类型安全性，还可以提供更好的性能，尤其是在存储值类型时，这种优势更加明显。

对应的泛型集合类和非泛型集合类的功能是相同的，如表 6-1 所示。

表 6-1　泛型集合类与非泛型集合类

泛型集合类	非泛型集合类	说明
List<T>	ArrayList	可变长度的数组
Queue<T>	Queue	队列，数据先进先出
Stack<T>	Stack	堆栈，数据后进先出
Dictionary<TKey,TValue>	HashTable	哈希表
StortedList<TKey,TValue>	StortedList	可排序列表

1. List<T>

数组的长度是固定的，在声明数组时必须指定，很多情况下，使用可变长度的数组可以提高内存的使用率。List<T>和 ArrayList 就是这种可变长度的数组。

```
List<T>对象声明格式：
List<T>  对象名= List<T>();
```

或

```
List<T>  对象名= List<T>(int  初始容量);
```

第一种声明方法，没有设置初始容量，默认值为 0；第二种声明方法，根据初始容量为对象分配相应的存储空间。

List<T>常用的属性如表 6-2 所示。

表 6-2　List<T>类常用属性

属性	说明
Capacity	获取或设置该内部数据结构在不调整大小的情况下能够容纳的元素总数
Count	获取 List<T> 中实际包含的元素数
Item	获取或设置位于指定索引处的元素

List<T>常用的方法如表 6-3 所示。

表 6-3　List<T>类常用方法

方法	说明
Add	将对象添加到 List<T> 的结尾处
AddRange	将指定集合的元素添加到 List<T> 的末尾
Clear	从 List<T> 中移除所有元素
Contains	确定某元素是否在 List<T> 中
IndexOf(T)	搜索指定的对象，并返回整个 List<T> 中第一个匹配项的从零开始的索引
Insert	将元素插入 List<T> 的指定索引处
Remove	从 List<T> 中移除特定对象的第一个匹配项
RemoveAll	移除与指定的谓词所定义的条件相匹配的所有元素
RemoveAt	移除 List<T> 的指定索引处的元素
ToArray	将 List<T> 的元素复制到新数组中
TrimExcess	将容量设置为 List<T> 中的实际元素数目(如果该数目小于某个阈值)

【例 6-3】List<T>基本用法。

```
using System;
using System.Collections.Generic;
using System.Linq;
using System.Text;
namespace_6_3
{
    class Program
    {
        public static void Main()
        {
            List<string> mList=new List<string>();
            Console.WriteLine("当前 mlist 容量{0},数据数量{1}",mList.Capacity,mList.Count);
            string[] temArr={ "Ha", "Hunter", "Tom" };
            mList.AddRange(temArr);
            Console.WriteLine("====================");
            foreach (string s in mList)
            {
                Console.WriteLine(s);
            }
            Console.WriteLine("AddRange 后 mlist 容量{0},数据数量{1}",
            mList.Capacity, mList.Count);
            Console.WriteLine("====================");
            mList.Add("John");
            mList.Add("Jay");
            mList.Insert(1, "Hei");
            Console.WriteLine("Add 两条数据,Insert 一条数据后 mlist 容量{0},数据数量{1}",
            mList.Capacity, mList.Count);
            Console.WriteLine("====================");
            foreach (string s in mList)
            {
                Console.WriteLine(s);
            }
            Console.WriteLine("当前 mlist 容量{0},数据数量{1}",
            mList.Capacity, mList.Count);
            Console.WriteLine("====================");
            mList.Remove("Hunter");
            mList.RemoveAt(0);
            foreach (string s in mList)
            {
                Console.WriteLine(s);
            }
```

```
            Console.WriteLine("删除两条数据后 mlist 容量{0}数据数量{1}",
            mList.Capacity, mList.Count);
            Console.WriteLine("＝＝＝＝＝＝＝＝＝＝＝＝＝＝＝＝＝＝＝");
            mList.TrimExcess();
            Console.WriteLine("TrimExcess 后 mlist 容量{0},数据数量{1}",
            mList.Capacity, mList.Count);
        }
    }
}
```

程序运行结果如图 6-3 所示。

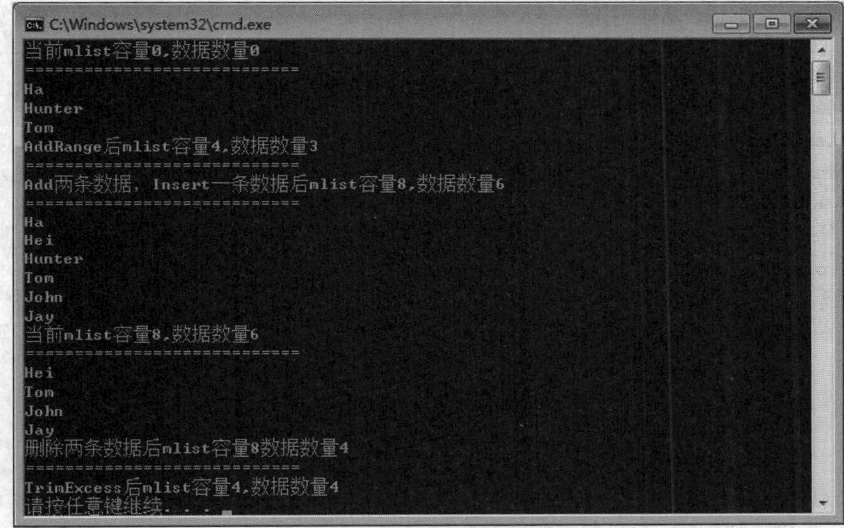

图 6-3　程序运行结果

通过程序可以看出,随着数组中元素的增加,Capacity 也就是数组的长度也随之增加。

2. Queue＜T＞

Queue＜T＞是表示对象先进先出的集合,用于进行顺序处理。Queue＜T＞对象总是从一端插入,从另一端移出。

Queue＜T＞对象声明格式:

Queue＜T＞　对象名＝ Queue＜T＞();

或

Queue＜T＞　对象名＝ Queue＜T＞(int　初始容量);

Queue＜T＞的容量的默认值为 32。向 Queue＜T＞添加数据将重新根据需要自动扩大容量。

Queue＜T＞常用属性如表 6-4 所示。

表 6-4　Queue＜T＞类常用属性

属性	说明
Count	获取 Queue＜T＞中实际包含的元素数

Queue<T>常用的方法如表 6-5 所示。

表 6-5 Queue<T>类常用方法

方法	说明
Clear	从 Queue<T> 中移除所有对象
Contains	确定某元素是否在 Queue<T>中
Dequeue	移除并返回位于 Queue<T> 开始处的对象
Enqueue	将对象添加到 Queue<T> 的结尾处
Peek	返回位于 Queue<T> 开始处的对象但不将其移除
TrimExcess	如果元素数小于当前容量的 90%，将容量设置为 Queue<T> 中的实际元素数

【例 6-4】Queue<T>基本用法。

```
using System;
using System.Collections.Generic;
using System.Linq;
using System.Text;
namespace_6_4
{
  class Program
  {
        public static void Main()
        {
            Queue<string> queue=new Queue<string>();
            queue.Enqueue("张三");
            queue.Enqueue("李四");
            queue.Enqueue("王五");
            Console.WriteLine(queue.Count);
            foreach (string s in queue)
            {
                Console.WriteLine(s);
            }
        }
  }
}
```

程序运行结果如图 6-4 所示。

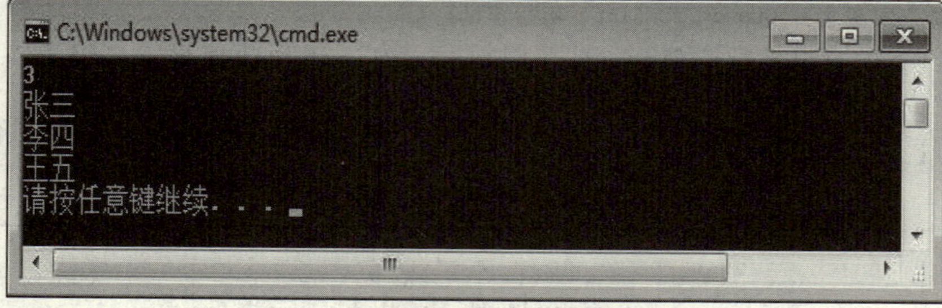

图 6-4 程序运行结果

3.Stack<T>

Stack<T>表示相同任意类型的实例的可变大小的后进先出（LIFO）集合。

Stack <T>对象声明格式：

```
Stack <T>  对象名= Stack <T>();
```

或

```
Stack <T>  对象名= Stack <T>(int  初始容量);
```

Stack <T>的容量的默认值为 32。向 Stack <T>添加数据将重新根据需要自动扩大容量。

Stack <T>常用属性如表 6-6 所示。

表 6-6　　Stack <T>类常用属性

属性	说明
Count	获取 Stack <T>中实际包含的元素数

Stack <T>常用的方法如表 6-7 所示。

表 6-7　　Stack <T>类常用方法

方法	说明
Clear	从 Stack <T> 中移除所有对象
Contains	确定某元素是否在 Stack <T>中
Pop	移除并返回位于 Stack<T> 顶部的对象
Push	将对象插入 Stack<T> 的顶部
Peek	返回位于 Stack <T> 开始处的对象但不将其移除
TrimExcess	如果元素数小于当前容量的 90%，将容量设置为 Stack <T> 中的实际元素数

【例 6-5】Stack <T>基本用法。

```
using System;
using System.Collections.Generic;
using System.Linq;
using System.Text;
namespace_6_5
{
  class Program
  {
        public static void Main()
        {
            Stack<string> stack=new Stack<string>();
            stack.Push("张三");
            stack.Push("李四");
            stack.Push("王五");
            stack.Push("赵六");
            stack.Pop();
```

```
                Console.WriteLine(stack.Count);
                foreach (string s in stack)
                {
                    Console.WriteLine(s);
                }
            }
        }
    }
```

程序运行结果如图 6-5 所示。

图 6-5 程序运行结果

4. Dictionary＜TKey,TValue＞

Dictionary＜TKey,TValue＞表示键/值对的集合，其中 TKey 表示字典中的键的类型。TValue 表示字典中的值的类型。

Dictionary＜TKey,TValue＞对象声明格式：

Dictionary＜TKey,TValue＞ 对象名＝Dictionary＜TKey,TValue＞()；

Dictionary＜TKey,TValue＞常用属性如表 6-8 所示。

表 6-8 Dictionary＜TKey, TValue＞ 类常用属性

属性	说明
Count	获取包含在 Dictionary＜TKey, TValue＞ 中的键/值对的数目
Keys	获取包含 Dictionary＜TKey, TValue＞ 中的键的集合
Values	获取包含 Dictionary＜TKey, TValue＞ 中的值的集合

Dictionary＜TKey,TValue＞常用方法如表 6-9 所示。

表 6-9 Dictionary＜TKey, TValue＞ 类常用方法

方法	说明
Add	将指定的键和值添加到字典中
Clear	从 Dictionary＜TKey, TValue＞ 中移除所有的键和值
ContainsKey	确定 Dictionary＜TKey, TValue＞ 是否包含指定的键
ContainsValue	确定 Dictionary＜TKey, TValue＞ 是否包含特定值
Remove	从 Dictionary＜TKey, TValue＞ 中移除所指定的键的值

【例 6-6】Dictionary<TKey,TValue>基本用法。

```
using System;
using System.Collections.Generic;
using System.Linq;
using System.Text;
namespace_6_6
{
  class Program
  {
        public static void Main()
        {
            Dictionary<int, string> dic=new Dictionary<int, string>();
            dic.Add(4, "赵六");
            dic.Add(1, "张三");
            dic.Add(2, "李四");
            dic.Add(3, "王五");
            dic.Remove(3);
            foreach (KeyValuePair<int, string> kvp in dic)
            {
                Console.WriteLine("{0},{1}",kvp.Key,kvp.Value);
            }
        }
    }
}
```

程序运行结果如图 6-6 所示。

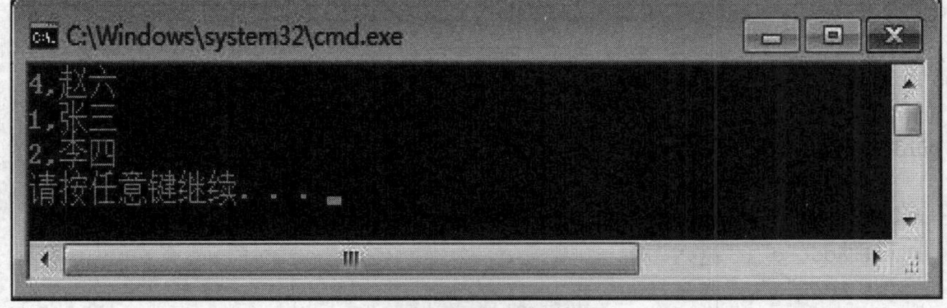

图 6-6　程序运行结果

5.StortedList<TKey,TValue>

StortedList<TKey,TValue>表示根据键进行排序的键/值对的集合。

StortedList<TKey,TValue>对象声明格式：

```
StortedList <TKey,TValue> 对象名= StortedList <TKey,TValue>();
```

StortedList <TKey,TValue>常用属性如表 6-10 所示。

表 6-10　　**StortedList<T>类常用属性**

属性	说明
Count	获取包含在 SortedList <TKey，TValue> 中的键/值对的数目
Capacity	获取或设置 SortedList<TKey，TValue> 可包含的元素数
Keys	获取包含 SortedList <TKey，TValue> 中的键的集合
Values	获取包含 SortedList <TKey，TValue> 中的值的集合

SortedList <TKey,TValue>常用方法如表 6-11 所示。

表 6-11　　**StortedList<T>类常用方法**

方法	说明
Add	将指定的键和值添加到字典中
Clear	从 SortedList <TKey，TValue> 中移除所有的键和值
ContainsKey	确定 SortedList <TKey，TValue> 是否包含指定的键
ContainsValue	确定 SortedList <TKey，TValue> 是否包含特定值
Remove	从 SortedList <TKey，TValue> 中移除所指定的键的值
RemoveAt	移除 SortedList<TKey，TValue> 的指定索引处的元素
TrimExcess	如果元素数小于当前容量的 90%，将容量设置为 SortedList<TKey，TValue> 中的实际元素数

【例 6-7】SortedList <TKey,TValue>基本用法。

```
using System;
using System.Collections.Generic;
using System.Linq;
using System.Text;
namespace_6_7
{
    class Program
    {
        public static void Main()
        {
            SortedList<string, string> sl=new SortedList<string, string>();
            sl.Add("d", "赵六");
            sl.Add("a", "张三");
            sl.Add("b", "李四");
            sl.Add("c", "王五");
            foreach (KeyValuePair<string, string> kvp in sl)
            {
                Console.WriteLine("{0},{1}",kvp.Key,kvp.Value);
            }
        }
    }
}
```

程序运行结果如图 6-7 所示。

图 6-7　程序运行结果

6.4　任务实施

【问题分析】

步骤一:创建模拟音乐播放器的操作菜单。

步骤二:音乐信息包括音乐的编号和名称,因此需要创建一个静态的 Dictionary＜int, string＞类型的音乐列表库 MusicList,其中 TKey 为 int 型,作为音乐的编号;TValue 为 string 型,作为音乐的名称。

步骤三:播放列表名称可以是任意字符,因此列表的名称应为 string 型,真实的播放列表中的音乐个数可以是不同的。为了更好地模拟播放器,使用泛型集合 List＜int＞存储播放列表中的音乐编号,为此创建一个静态的 Dictionary＜string, List＜int＞＞类型的播放列表 PlayList。

步骤四:AddMusic 方法添加音乐到 MusicList。

步骤五:CreatePlayList 方法用来创建播放列表,代码中"System. Threading. Thread. Sleep(2000);"实现线程挂起 2 秒。

步骤六:PlayMusic 方法首先需要用户输入要播放的列表名称,显示出当前列表中的音乐,然后根据用户输入的播放方式,利用进程休眠模拟音乐播放器播放音乐。

步骤七:DeleteMusic 方法根据用户输入的音乐编号,在删除 MusicList 中音乐的同时,需要遍历 PlayList 中的每一个 Value 值,即每一个播放列表中的音乐列表,都进行删除操作。

【程序代码】

```
using System;
using System.Collections.Generic;
using System.Linq;
using System.Text;
namespacechapter6
{
    class Program
    {
        static Dictionary<int, string> MusicList=new Dictionary<int, string>();
        static Dictionary<string, List<int>> PlayList=new Dictionary<string, List<int>>();
        static void Main(string[] args)
```

```
{
    Menu();
}
static void Menu()
{
    Console.Clear();
    Console.WriteLine("==========欢迎使用模拟音乐播放器==========");
    Console.WriteLine("1、为播放器添加音乐");
    Console.WriteLine("2、创建播放列表");
    Console.WriteLine("3、播放指定播放列表中音乐");
    Console.WriteLine("4、删除播放器中的音乐");
    Console.WriteLine("5、退出");
    Console.WriteLine("==============================");
    Console.WriteLine("请输入操作编号:");
    string s=Console.ReadLine();
    switch (s)
    {
        case "1": AddMusic(); break;
        case "2":
            if (MusicList.Count == 0)
            {
                Console.WriteLine("播放器中无音乐!");
                AddMusic();
            }
            else
            {
                CreatePlayList();
            }
            break;
        case "3":
            if (MusicList.Count == 0)
            {
                Console.WriteLine("播放器中无音乐!");
                AddMusic();
            }
            else
            {
                PlayMusic();
            }
            break;
        case "4":
            if (MusicList.Count == 0)
```

```
            {
                Console.WriteLine("播放器中无音乐!");
                AddMusic();
            }
            else
            {
                DeleteMusic();
            }
            break;
        case "5": Environment.Exit(0); break;
        default:
            Console.WriteLine("操作错误,请重新输入");
            //线程挂起,2 秒后进入菜单选择界面
            System.Threading.Thread.Sleep(2000);
            Menu();
            break;
    }
}
static void AddMusic()
{
    int musicNO=0;
    string musicName="";
    Console.WriteLine("请输入音乐名称,输入\"0\"时结束:");
    while (true)
    {
        musicName=Console.ReadLine();
        if (musicName != "0")
        {
            musicNO++;
            MusicList.Add(musicNO, musicName);
        }
        else
        {
            break;
        }
    }
    Menu();
}
static void CreatePlayList()
{
    Console.WriteLine("音乐库列表:");
    Console.WriteLine("音乐编号\t音乐名称");
```

```
        foreach (KeyValuePair<int, string> kvp in MusicList)
        {
            Console.WriteLine("{0}\t\t{1}", kvp.Key, kvp.Value);
        }
        Console.WriteLine("请输入播放列表名称,输入\"0\"时退出:");
        string listName=Console.ReadLine();
        List<int> tempList=new List<int>();
        if (listName ! = "0")
        {
            Console.WriteLine("输入音乐库中音乐编号存入播放列表,输入\"0\"时结束:");
            while (true)
            {
                int tempMusicNo=Convert.ToInt32(Console.ReadLine());
                if (tempMusicNo ! = 0)
                {
                    tempList.Add(tempMusicNo);
                }
                else
                {
                    break;
                }
            }
            PlayList.Add(listName, tempList);
        }
        else
        {
            System.Threading.Thread.Sleep(2000);
        }
        Menu();
    }
    static void PlayMusic()
    {
        Console.WriteLine("已存在的播放列表:");
        foreach (KeyValuePair<string, List<int>> kvp in PlayList)
        {
            Console.WriteLine(kvp.Key);
        }
        Console.WriteLine("请输入要进行播放的列表名称:");
        string PlayListName=Console.ReadLine();
        bool bl=PlayList.ContainsKey(PlayListName);
        if (bl == true )
        {
```

```
List<int> list=new List<int>();
PlayList.TryGetValue(PlayListName, out list);
list.TrimExcess();
if (list.Count != 0)
{
    Console.WriteLine("该播放列表中存在的音乐:");
    foreach (int temp in list)
    {
        string tempname="";
        MusicList.TryGetValue(temp, out tempname);
        Console.WriteLine(tempname);
    }
    Console.WriteLine("请输入播放方式:0 为顺序,1 为随机");
    int playway=Convert.ToInt32(Console.ReadLine());
    if (playway == 0)
    {
        for (int i=0; i < list.Count; i++)
        {
            string music="";
            MusicList.TryGetValue(list[i], out music);
            Console.WriteLine("{0}", music);
            //线程挂起,2 秒后进入菜单选择界面
            System.Threading.Thread.Sleep(2000);
        }
    }
    else
    {
        int[] array=new int[list.Count];
        array=list.ToArray();
        Random rand=new Random();
        for (int i=0; i < array.Length; i++)
        {
            int j=rand.Next(0, array.Length);
            int k=array[j];
            string music="";
            MusicList.TryGetValue(k, out music);
            Console.WriteLine("{0}", music);
//线程挂起,2 秒后进入菜单选择界面
            System.Threading.Thread.Sleep(2000);
        }
```

```
                }
            }
            else
            {
                Console.WriteLine("播放列表中音乐数目为 0。");
                System.Threading.Thread.Sleep(2000);
            }
        }
        else
        {
            Console.WriteLine("不存在该播放列表。");
            System.Threading.Thread.Sleep(2000);
        }
        Menu();
    }
    static void DeleteMusic()
    {
        Console.WriteLine("音乐库列表:");
        foreach (KeyValuePair<int, string> kvp in MusicList)
        {
            Console.WriteLine("{0},{1}", kvp.Key, kvp.Value);
        }
        Console.WriteLine("请输入要删除音乐的编号:");
        int musicNo=Convert.ToInt32(Console.ReadLine());
        foreach (List<int> templist in PlayList.Values)
        {
            if (templist.Contains(musicNo))
            {
                templist.Remove(musicNo);
            }
        }
        MusicList.Remove(musicNo);
        Menu();
    }
  }
}
```

【运行结果】(图 6-8～图 6-11)

file:///F:/EXTJS代码/FineUiDemo/ConsoleApplication1/ConsoleApplication1/bin/Debug/Con...
请输入操作编号：
2
音乐库列表：
音乐编号　音乐名称
1　青花瓷
2　红尘客栈
3　手语
4　千里之外
5　七里香
6　听妈妈的话
7　彩虹
8　东风破
9　稻香
10　舞娘
11　日不落
12　今天你要嫁给我
13　看我72变
14　布拉格的广场
请输入播放列表名称，输入"0"时退出：
周杰伦
输入音乐库中音乐编号存入播放列表，输入"0"时结束：
1
3
5
8
9
半：

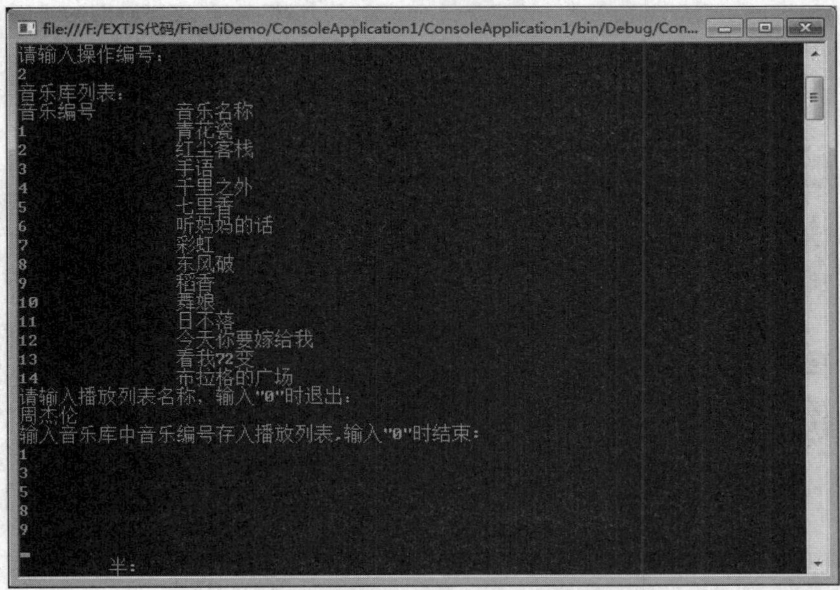

图 6-8　添加音乐后创建播放列表

file:///F:/EXTJS代码/FineUiDemo/ConsoleApplication1/ConsoleApplication1/bin/Debug/Con...
=========欢迎使用模拟音乐播放器=========
1、为播放器添加音乐
2、创建播放列表
3、播放指定播放列表中音乐
4、删除播放器中的音乐
5、退出
=======================================
请输入操作编号：
3
已存在的播放列表：
周杰伦
蔡依林
请输入要进行播放的列表名称：
周杰伦
该播放列表中存在的音乐：
青花瓷
手语
七里香
东风破
稻香
请输入播放方式：0为顺序，1为随机
半：

图 6-9　播放"周杰伦"列表中的音乐

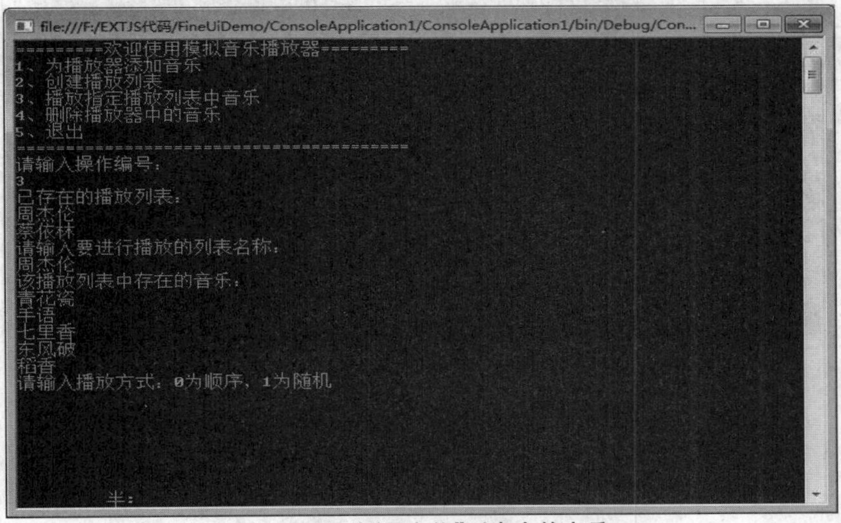

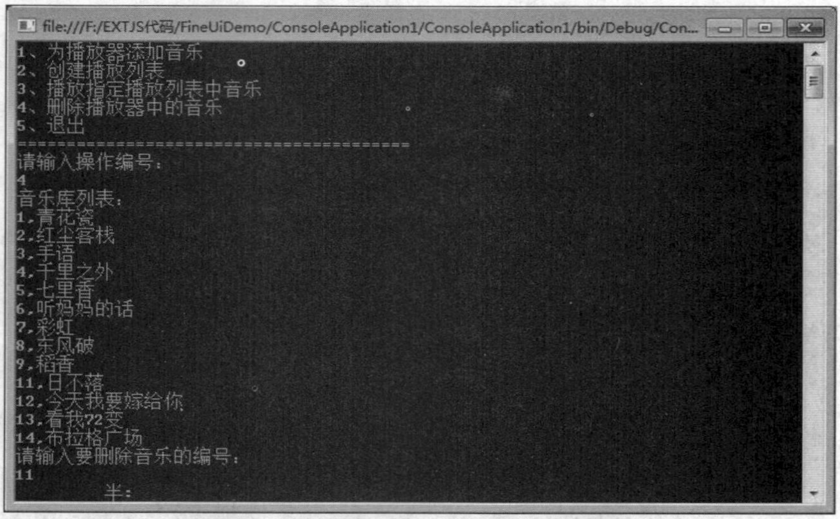

```
file:///F:/EXTJS代码/FineUiDemo/ConsoleApplication1/ConsoleApplication1/bin/Debug/Con...
1、为播放器添加音乐
2、创建播放列表
3、播放指定播放列表中音乐
4、删除播放器中的音乐
5、退出
========================================
请输入操作编号：
4
音乐库列表：
1.青花瓷
2.红尘客栈
3.手语
4.千里之外
5.七里香
6.听妈妈的话
7.彩虹
8.东风破
9.稻香
11.日不落
12.今天我要嫁给你
13.看我72变
14.布拉格广场
请输入要删除音乐的编号：
11
        半：
```

图 6-10　删除编号为 10 的“舞娘”后的音乐库

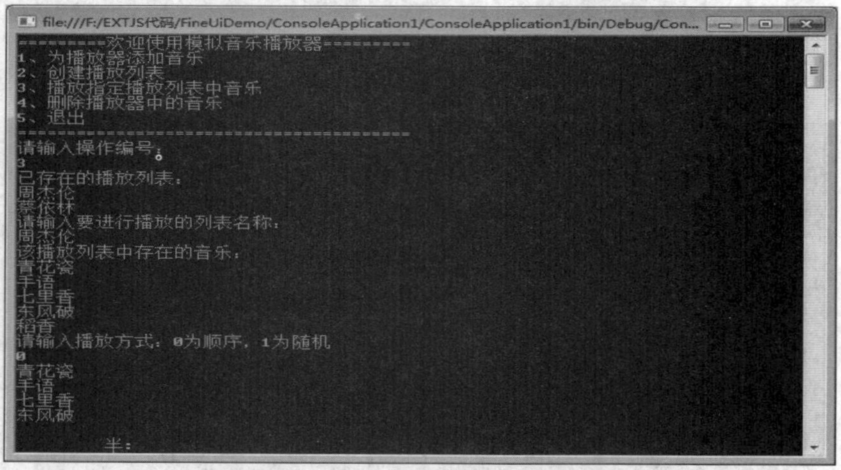

```
file:///F:/EXTJS代码/FineUiDemo/ConsoleApplication1/ConsoleApplication1/bin/Debug/Con...
==========欢迎使用模拟音乐播放器==========
1、为播放器添加音乐
2、创建播放列表
3、播放指定播放列表中音乐
4、删除播放器中的音乐
5、退出
========================================
请输入操作编号：
3
已存在的播放列表：
周杰伦
蔡依林
请输入要进行播放的列表名称：
周杰伦
该播放列表中存在的音乐：
青花瓷
手语
七里香
东风破
稻香
请输入播放方式：0为顺序，1为随机
0
青花瓷
手语
七里香
东风破
        半：
```

图 6-11　删除两首音乐后“蔡依林”播放列表中的音乐曲目

6.5　技术拓展

在定义泛型类时，可以对参数类型的类型种类进行限制。如果客户端代码尝试使用某个约束所不允许的类型来创建对象，就会产生编译错误，这种限制称为约束。约束使用 where 关键字指定，格式如下：

```
访问修饰符  class  类<类型形参表>  where  类型形参表:约束类型
{
    类体;
}
```

下面代码声明的 NameList 类使用了约束。

【例 6-8】泛型约束。

```
using System;
using System.Collections.Generic;
using System.Linq;
using System.Text;
using System.Collections;

namespace_6_8
{
    public class Student
    {
        private string name;
        public Student(string s)
        {
            name=s;
        }
        public string Name
        {
            get { return name; }
            set { name=value; }
        }
    }
    public class Employee
    {
        private string name;
        public Employee(string s)
        {
            name=s;
        }

        public string Name
        {
            get { return name; }
            set { name=value; }
        }
    }
    public class NameList<T> where T:Employee
  {
  //可变长度的数组,需引入 System.Collections 命名空间
        ArrayList list=new ArrayList();
        public void Add(T t)
        {
```

```
            list.Add(t.Name);
        }
        public void Display()
        {
            for (int i=0; i < list.Count ; i++)
            {
                Console.WriteLine(list[i]);
            }
        }
    }
    class Program
    {
        public static void Main()
        {
            NameList<Employee> eml=new NameList<Employee>();
            eml.Add(new Employee("张三"));
            eml.Add(new Employee("李四"));
            eml.Add(new Employee("张三"));
            eml.Display();
            NameList<Student> stul=new NameList<Student>();  //编译错误
            stul.Add(new Employee("张三"));
            stul.Add(new Employee("李四"));
            stul.Add(new Employee("张三"));
            stul.Display();
        }
    }
}
```

上面的代码编译时将出现错误,原因在于,NameList<T>使用了约束 T 只接受 Employee 类型。

泛型方法的约束格式如下:

```
返回值类型  方法名<类型形参表>(形参列表)where  类型形参表:约束类型
{
    方法体;
}
```

需要注意的是,不论是约束泛型类还是约束泛型方法,"where 类型形参表:"跟上后面约束类型的类型必须是接口、非密封类或类型形参。

6.6 本章小结

(1)泛型类和泛型方法同时具备可重用性、安全性和可执行效率高的特点。

(2)可以创建泛型类、泛型方法。

(3)每种泛型集合对应了一种非泛型集合。

(4)常用的泛型集合包括：

- List<T>表示可变长度的数组；
- Queue<T>队列，特点是数据先进先出；
- Stack<T>堆栈，特点是数据后进先出；
- Dictionary<TKey，TValue>哈希表，键/值对数据的集合；
- StortedList<TKey，TValue>可排序列表，与 Dictionary<TKey，TValue>类似同样也是键/值对数据的集合，区别在于数据按照 key 值进行排序。

(5)泛型集合通常使用 foreach 语句进行遍历，需要注意的是：List<T>、Queue<T>、Stack<T>遍历时，遍历变量类型为泛型的实参类型，而 Dictionary<TKey，TValue>和 StortedList<TKey，TValue>遍历时使用 KeyValuePair<TKey，TValue>类的实例。

6.7 强化练习

一、选择题

1. 对于下面的泛型方法定义，以下调用形式中会失败的有_________。

```
public class C
{
    public static void FA<T>(T t1,T t2)where T:struct{}
}
```

A. C. FA(2,3)； B. C. FA<int>(2,0.3)；

C. C. FA<double>(2,3)； D. C. FA<double>(2,0.3)；

2. 下面是关于类型参数约束的描述，正确的有_________。

A. 要让泛型变得更有用，我们需要提供额外的信息让编译器知道参数可以接受哪些类型，这些额外的信息叫做约束(constrain)

B. 只有符合约束的实参才能用于类型参数

C. 约束使用 where 子句列出

D. 每一个有约束的类型参数有自己的 where 子句，如果形参有多个约束，它们在 where 子句中使用逗号分隔

3. 下列方法中，_________是 Stack<T>集合对象可以调用的方法。

A. Add() B. Remove()

C. RemoveAt() D. Peek()

4. 在 C＃中，关于 List<T>和 Dictionary<TKey，TValue>的说法，正确的是_________。

A. List<T>和 Dictionary<TKey，TValue>都可以使用索引访问

B. 获取元素时，List<T>需要类型转换，Dictionary<TKey，TValue>不需要

C. List<T>和 Dictionary<TKey，TValue>都可以循环遍历整个元素对象

D. List<T>和 Dictionary<TKey,TValue>都可以直接删除对象

5. 使用下列________方法可以减小一个 Dictionary<TKey,TValue>对象的容量。

A. 调用 Remove 方法

B. 调用 Clear 方法

C. 调用 TrimExcess 方法

D. 设置 Capacity 属性

6. 下列关于集合的说法正确的是________。

A. List<T> 集合对象遵循先进先出的原则

B. Stack<T> 集合对象可以在中间插入元素,在中间插入元素时调用 Insert 方法

C. Queue<T> 集合对象可以删除任意位置的元素,也可以在顶部删除元素

D. Stack<T> 集合对象可以在顶部上出元素

7. 下列关于 Dictionary<TKey,TValue>集合的说法正确的是________。

A. Dictionary<TKey,TValue>集合是一个键/值对集合

B. 遍历 Dictionary<TKey,TValue>集合时用 IEnumerator 来枚举

C. Dictionary<TKey,TValue>集合中可以根据指定的值来删除元素

D. Dictionary<TKey,TValue>集合中的元素按照添加的顺序存在于集合内部

8. 在 C#中,下列代码的运行结果是________。

```
Dictionary<int,string> hsStu=new Dictionary<int,string> ();
hsStu.Add(3,"甲");
hsStu.Add(2,"乙");
hsStu.Add(1,"丙");
Console.WriteLie(hsStu[3]);
```

A. 3　　　　B. 甲

C. 1　　　　D. 丙

二、问答题

1. 为什么说使用泛型集合效率高?

2. 列举 C#中提供的泛型集合。

三、编程题

编写一个泛型集合类来存放通讯录,必须使用 Dictionary<TKey,TValue>存放数据。

第 7 章 从人类模型学习面向对象思想（基础篇）

7.1 任务导引——女娲造人

中国古代神话中，流传着一个关于“女娲造人”的故事。故事是这样的：

“有一位女神女娲，在莽莽的原野上行走。她放眼四望，山岭起伏，江河奔流，丛林茂密，草木争辉。天上百鸟飞鸣，地上群兽奔驰，水中鱼儿嬉戏，草中虫豸跳跃。这世界按说也点缀得相当美丽了，但是她总觉得有一种说不出的寂寞，越看越烦，孤寂感越来越强烈，连自己也弄不清楚这是为什么。她向山川草木诉说心中的烦躁，可山川草木根本不懂她的话；她对虫鱼鸟兽倾吐心事，虫鱼鸟兽哪能了解她的苦恼。她颓然地坐在一个池塘旁边，茫然地对着池塘中自己的影子。忽然一片树叶飘落池中，静止的池水泛起了小小的涟漪，使她的影子也微微晃动起来。她突然觉得心头的死结解开了，是呀！为什么她会有那种说不出的孤寂感？原来是世界上缺少一种像她一样的生物。想到这儿，她马上用手在池边挖了些泥土，和上水，照着自己的影子捏了起来。她高兴极了。她捏着捏着，就捏成了一个小小的东西，模样与她差不多，也有五官七窍，双手两脚。捏好后往地上一放，居然活了起来。女娲一见，满心欢喜，接着又捏了许多。她把这些小东西叫做‘人’。”如图 7-1 所示为女娲正在造人。

图 7-1　女娲造人

7.2 任务分析

从上一节的神话故事中，我们了解了女娲造人的过程。其实，从面向对象角度来说，女娲的这个活动就是拿自己作为模型（类），创造出每一个活生生的人（对象），然后让他拥有名字、性别、年龄等特征（属性），走、跑、跳等能力（方法），拥有繁殖下一代的手段（继承）。

有了以上的分析基础，接下来我们将具体分析面向对象的基本思想。让我们在 c＃这个面向对象的系统中，一起来创造“人”吧！

7.3 技术准备

在我们这个例子中，女娲按照自己的样子创造了人。其实，女娲的样子总结、概括和抽象了所有人的特征，而我们每一个按照这个模型创造出来的具体而实在的人，则是“人类”这个模型所刻画出来的一个实例，每一个人都应该具有人类这个模型所规定出来的一切特征和特性。

在面向对象思想中，对象这个概念，如果第一个翻译它的人把它叫做“事物”，或者像繁体书籍中常见的名称“物件”更加合适一些，我们则可以这样认为，那些具体存在的、客观的实例，就是对象（object），而那些具有相同或相似性质的对象的抽象表达就是类（class）。

类具有属性，它是对象的状态的抽象，用数据结构来描述类的属性。它表示类的静态特征。

类具有操作性，它是对象的行为的抽象，用操作名和实现该操作的方法来描述。它表示类的动态特征。

因此，我们可以这样总结对象和类的关系：类是对象的抽象，对象是类的实例。图 7-2 给出了人类模型和人类对象的举例。

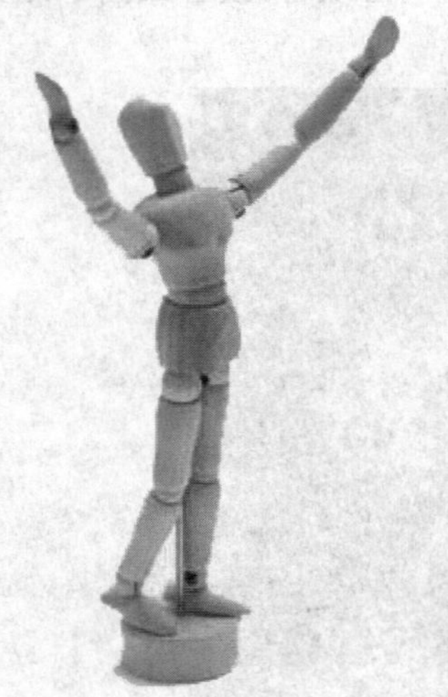

图 7-2 人类和人类对象

面向对象编程方法学是 C＃编程的指导思想，而面向对象的重要特点就是使类具有“封装性”“继承性”“多态性”。事实上，编写 C＃程序的主要任务就是定义类以及类中的各种成员。

7.3.1　面向对象程序设计的基本概念

1.类和对象

我们通常把具有同样性质和功能的东西所构成的集合叫做类。例如,女娲按照自己的模样创造了人,那么女娲其实就是人的模型,也就是每一个人的类。

类的客观具体存在就是对象(也称实例),每一个女娲造出来的人,都可以称之为是人类模型的一个实例。

2.属性

属性是对象的状态和特点。每个人都有区别于其他人的特征,比如长相、说话声音,这些都是属性。

3.方法

方法是对象能够执行的一些操作,它体现了对象的功能。比如人可以跑、跳、说话、唱歌,这些都体现了人这个对象所拥有的功能,所以它们都是方法。注意,方法一般都是用动词命名。

4.事件

事件是对象能够识别和响应的某些操作。例如,当我们遇到开心事情的时候,我们会露出笑容,那么笑这个动作就是对外界刺激的一种响应。

5.封装

所谓封装,就是将用来描述客观事物的一组数据和操作组装在一起,形成一个类。

6.继承

类之间除了有相互交流或访问的关系以外,还可能存在着一种特殊的关系,这就是继承。在 C# 只支持单继承,即一个派生类(也称子类)只能有一个基类(也称父类)。例如,人这个类,可以派生出男人、女人、中国人、外国人,这些子类都无一例外的继承了人的特征。

7.重载

重载指的是方法名称一样,但方法的签名不同,即方法的参数个数和参数类型不同,就会有不同的具体实现。重载主要有两类:方法的重载及运算符的重载。例如,同样是“说话”这个方法,但是在不同的国籍的人,说的语言也不一样。

8.多态性

所谓多态性就是在程序运行时,面向对象的语言会自动判断对象的派生类型,并调用相应的方法。C# 中多态性分两种,即编译时的多态性和运行时的多态性。编译时的多态性主要是由重载体现的,运行时的多态性主要是通过重写(override)和虚函数(virtual)体现的。

7.3.2　类的定义

类的定义格式如下:

```
[类修饰符]  class 类名[:基类类名]
     {
         成员定义列表;
     }
```

其中,类修饰符限定了类的访问方式;class 是声明类的关键字;冒号后边是该类所继承的父类的名称,也可以是该类实现的接口的名字。如果一个类既继承了某个类,又实现了某个接口，那么应该把父类名字写在冒号后边，然后在把接口名称依次用逗号间隔，写在后边。注意，C＃只支持单继承，也就是一个类只能从一个父类中继承所有成员。

7.3.3 对象的创建

对象的创建格式如下：

类名 对象名＝new 类名([参数])；

其中，new 是对象实例化时的关键字，跟类同名的函数叫做构造函数，它的参数是可选的。new 完成了两件有意义的事情：第一，为对象创建了内存空间；第二，给对象的成员进行了初始化的操作。这就好像女娲为造出来的人赋予了生命一样，每一个人都具有了自己区别于其他人类对象的独一无二的特点。

7.3.4 类的成员

1.类成员的分类

类的成员主要由数据成员和函数成员组成，其中数据成员主要包括字段和常量，函数成员主要包括属性、方法、事件、索引器、运算符、构造函数和析构函数等。

2.类成员的可访问性

在编写程序时，可以通过对类的成员使用不同的访问修饰符，从而定义它们的访问级别，即类成员的可访问性(Accessibility)。在 C＃中，根据类成员的可访问性可以把类成员分成六类，分别是公有成员(public)、私有成员(private)、保护成员(protected)、内部成员(internal)、受保护的内部成员(protected internal)和局部成员(partial)，具体描述如表 7-1 所示。

表 7-1 类的访问修饰符

名称	修饰符关键字	说明
公有成员	public	任何外部的类都可以不受限制的存取这个类的成员
私有成员	private	类中的所有成员只能在该类中使用，外部类无法存取
保护成员	protected	除了类自己，任何继承该类的子类都可以访问它的成员
内部成员	internal	在当前项目中均可以存取，一般用于组件的开发
受保护的内部成员	protected internal	只限于当前项目，并且类本身或者继承该类的子类
局部成员	partial	一个类的定义和实现可以分布在多个文件中，但每一部分前都要使用 partial 标注。

3.类的静态成员和实例成员

类的成员又可以分成静态成员和非静态成员。在声明成员时，如果在语句前加上 static 保留字，则该成员是静态成员；如果没有 static 保留字，则成员是非静态成员。它们两个最重要的区别是：静态成员归类所有，非静态成员归对象所有，所以有时候我们把非静态成员又叫做实例成员。

4.常量和字段

常量是一个特殊的符号，它有一个不改变的值，定义常量时，它的值必须在编译时确定，确定后编译器将常量的值保存到程序集的元数据中。常量总是被视为静态成员，而不是实例成员。例如,对于 Human 这个类来说,我们可以定义一个常量 IDCardNo 来保存一个人的身份证编号,因为它是不变的。

字段也称为域,是在类内定义的成员变量,用来存储描述类的特征的值。例如,前面的例子中的 Human 类定义了 name、sex、age 这三个字段。

5.属性

一个设计良好的类不仅仅要将类的实现部分隐藏起来,还会限制外部对类中成员变量的存取权限。在 C#中,可以通过属性来实现。属性的好处是显而易见的,使用属性可以主动限制类的某些内容不被外界所篡改,而字段就达不到这样的要求。

属性是类的一种成员,是用来封装类数据的一种方式,比如字体、颜色等属性。使用属性的另一个好处是可以使应用程序看起来更直观。

用属性声明的方式来对属性进行定义,通过 get 和 set 提供外部对私有成员的访问。根据使用情况不同,可以只用 get 或者只用 set,也可以同时使用 get 和 set。

- get:用来读取数据成员的值。
- set:用来设置数据成员的值。

在可视化设计中,属性通常显示在设计工具的属性窗口中。下面通过一个例子来演示属性的操作。

【例 7-1】圆形类的属性。

```
using System;
using System.Collections.Generic;
using System.Text;

namespace CircleExample
{
    class Program
    {
        static void Main(string[] args)
        {
            double r;
            circle rect=new circle();
            Console.Write("请输入半径 r :");
            rect.r =Convert.ToDouble(Console.ReadLine());
            Console.WriteLine("圆的半径为:{0},圆的面积为:{1}", rect.r,rect.s);
        }
    }
    class circle
    {

        public double r;
        public double R
        {
```

```
            get { return r; }
            set {
                if (value > 0)
                    r=value;
                else
                    Console.WriteLine("r的值不能为负数");
                }
        }
        public Double s
        {
            get
            {
                return System.Math.PI * r * r;
            }
        }
    }
}
```

6.方法

方法(Method)是一组程序代码的集合,每个方法都有一个方法名,便于识别和让其他方法调用。

(1) 方法的定义与使用。

C#程序中定义的方法都必须放在某个类中。定义方法的一般形式为:

```
访问修饰符 返回值类型 方法名称(参数序列)
{
    语句序列
}
```

在定义方法时,需要注意以下几点:

①方法名称后面的小括号中可以有参数序列,也可以没有参数,但是不论是否有参数,小括号都是必需的。如果参数序列中的参数有多个,则以逗号分隔开。

②如果要结束某个方法的执行,可以使用return语句。程序遇到return语句后,会将执行流程交还给调用此方法的程序代码段。此外,还可以利用return语句返回一个值。注意,return语句只能返回一个值。

③如果声明一个void类型的方法,return语句可以省略不写;如果声明一个非void类型的方法,则方法中必须至少有一个return语句。

【例7-2】定义和调用方法。

```
using System;
using System.Collections.Generic;
using System.Text;
namespace MethodExample
{
```

```
    class Program
    {
        public int MethodA()
        {
            Console.WriteLine("this is MethodA.");
            int i =8;
            return i;
        }
        static void Main()
        {
            Program method=new Program();
            int j =4;
            j=method.MethodA();
            Console.WriteLine("J's value is {0}.", j);
            Console.ReadLine();
        }
    }
}
```

程序运行结果如图 7-3 所示。

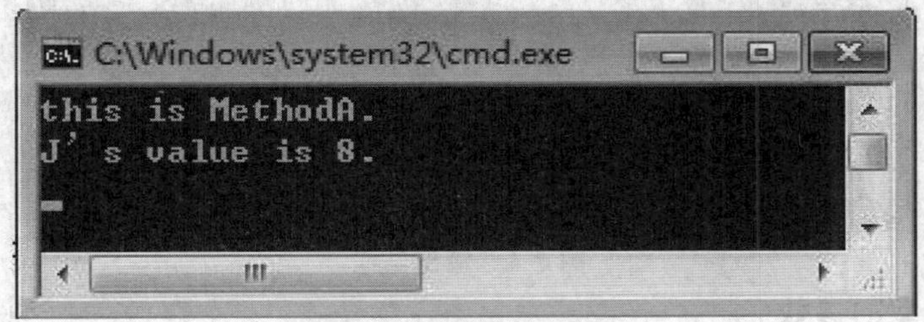

图 7-3　程序运行结果

(2)方法中的参数传递。

定义方法时可以将参数传入方法中进行处理,也可以将方法中处理过的信息返回给调用者。传递变量参数到方法的方式有下面几种:

①传递值类型的参数。

值类型参数的格式为:

参数类型 参数名

定义值类型参数的方式很简单,只要注明参数类型和参数名即可。当该方法被调用时,便会为每个值类型参数分配一个新的内存空间,然后将对应的表达式运算的值复制到该内存空间。在方法中更改参数的值不会影响这个方法之外的变量。

【例 7-3】方法中值类型参数的传递。

```
using System;
using System.Collections.Generic;
```

```
using System. Text;
namespace ValueTransferExample
{
    class Program
    {
        public static void AddOne(int a)
        {
            a++;
        }
        static void Main()
        {
            int a=3;
            Console.WriteLine("调用 AddOne 之前,a={0}", a);
            AddOne(a);
            Console.WriteLine("调用 AddOne 之后,a={0}", a);
            Console.ReadLine();
        }
    }
}
```

输出结果如图 7-4 所示。

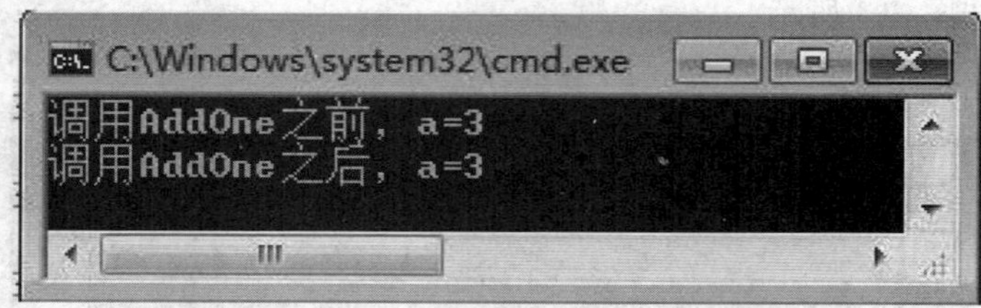

图 7-4　输出结果

②传递引用类型的参数。

引用类型参数的格式为:

ref 参数类型 参数名

与传递值类型参数不同,引用类型的参数并没有再分配内存空间,实际上传递的是指向原变量的指针,即引用参数和原变量保存的是同一个地址。为了和传递值类型参数区分,前面加上 ref 关键字(Reference),在方法中修改引用参数的值实际上也就是修改被引用的变量的值。

【例 7-4】方法中引用类型参数的传递。

```
using System;
using System.Collections.Generic;
using System.Text;
namespace ReferenceTransferExample
{
    class Program
    {
```

```
        public static void AddOne(ref int a)
        {
            a++;
        }
        static void Main()
        {
            int x=3;
            Console.WriteLine("调用 AddOne 之前,x={0}", x);
            AddOne(ref x);
            Console.WriteLine("调用 AddOne 之后,x={0}", x);
            Console.ReadLine();
        }
    }
}
```

输出结果图 7-5 所示。

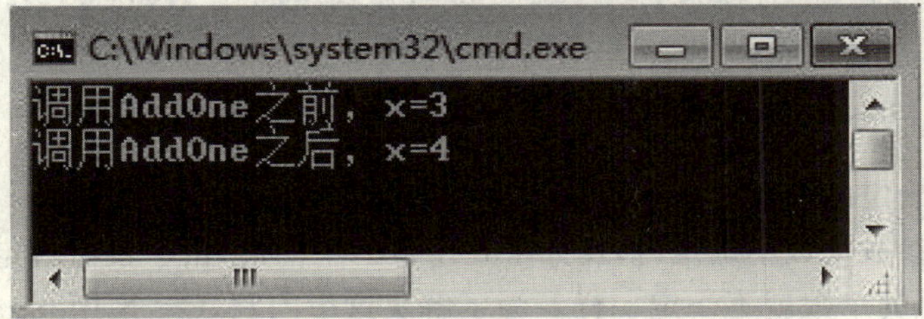

图 7-5　输出结果

③输出多个引用类型的参数。

有时候一个方法计算的结果有多个,而 return 语句一次只能返回一个结果,这时就用到了 out 关键字。使用 out 表明该引用参数是用于输出的,而且调用该参数时不需要对参数进行初始化。

输出引用类型参数的格式为:

out 参数类型 参数名

【例 7-5】输出多个引用类型的参数。

```
using System;
using System.Collections.Generic;
using System.Text;
namespace ReferenceOutExample
{
    class Program
    {
        public static void MethodA(out int a, out int b)
        {
            a =2;
            b =3;
```

```
        }
        static void Main()
        {
            int x, y;
            MethodA(out x, out y);
            Console.WriteLine("调用 MethodA 之后,x={0},y={1}", x, y);
            Console.ReadLine();
        }
    }
}
```

输出结果如图 7-6 所示。

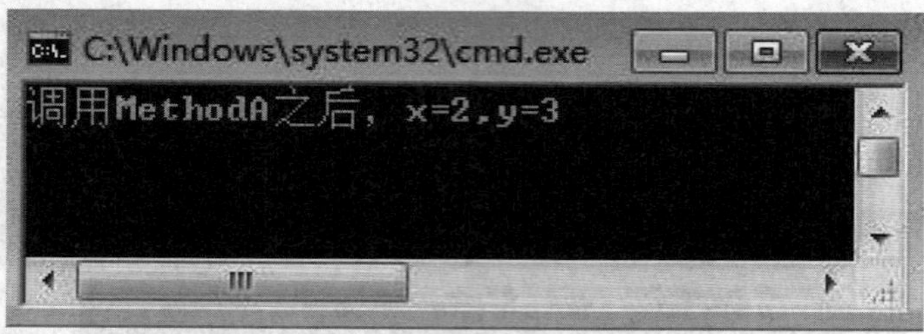

图 7-6 输出结果

④传递个数不确定的参数。

当需要传递的参数个数不确定时,比如求几个数的平均值,由于没有规定是几个数,运行程序时,每次输入的值的个数就不一定一样。为了解决这个问题,C#采用 params 关键字声明参数的个数是不确定的。

【例 7-6】传递个数不确定的参数。

```
using System;
using System.Collections.Generic;
using System.Text;
namespace UncertaintyTransferExample
{
    class Program
    {
        public static float Average(params long[] v)
        {
            long total, i;
            for (i=0, total=0; i < v.Length; ++i)
                total += v[i];
            return (float)total / v.Length;
        }
        static void Main()
        {
            float x=Average(1, 2, 3,4);
```

```
            Console.WriteLine("1、2、3、4 的平均值为{0}", x);
            x=Average(1, 2, 3, 4, 5);
            Console.WriteLine("1、2、3、4、5 的平均值为{0}", x);
            Console.ReadLine();
        }
    }
}
```

输出结果如图 7-7 所示。

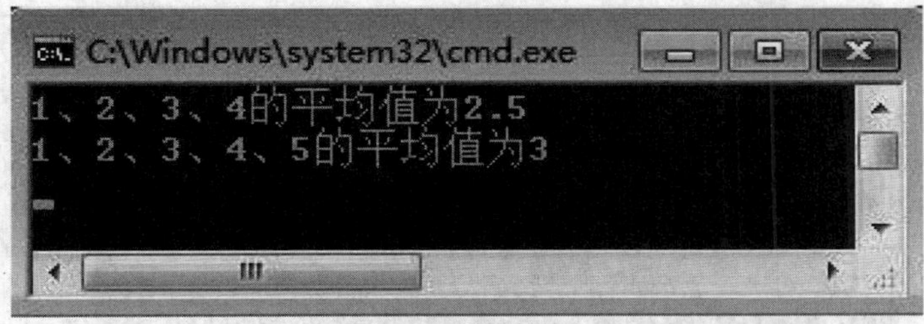

图 7-7　输出结果

(3)方法重载。

方法重载是指具有相同的方法名,但参数类型或参数个数不完全相同的多个方法可以同时出现在一个类中。这种技术非常有用,在开发过程中,我们会发现 C# 中的很多方法均使用了重载技术。

【例 7-7】方法重载。

```
using System;
using System.Collections.Generic;
using System.Text;
namespace MethodOverloadingExample
{
    class Program
    {
        public static int Add(int i, int j)
        {
            return i+j;
        }
        public static string Add(string s1, string s2)
        {
            return s1+s2;
        }
        public static long Add(long x)
        {
            return x+5;
        }
        static void Main()
```

```
            {
                Console.WriteLine(Add(1, 2));
                Console.WriteLine(Add("1", "2"));
                Console.WriteLine(Add(10));
                //按回车键结束
                Console.ReadLine();
            }
        }
    }
```

程序运行结果如图 7-8 所示。

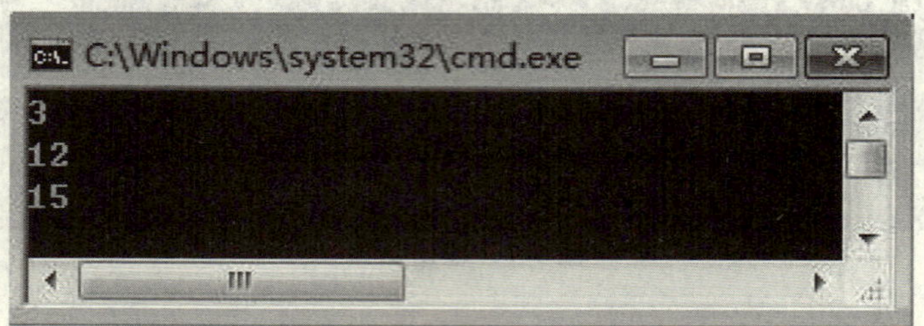

图 7-8 程序运行结果

在这个例子中，虽然有多个 Add 方法，但由于方法中参数的个数和类型不完全相同，所以系统在调用时会自动找到最匹配的方法。

另外，还有一种方法的重载，体现为对运算符的重载。运算符也可以看作一种特殊的方法，所以它也具有重载的功能。比如，对于"+"号，原本的含义是对普通数值类型的值的求和，但对于复数这种特殊的类型，加号也可以具有求和的含义。数学上我们规定，复数的加法，运算法则是"实部相加作为结果的实部，虚部相加作为结果的虚部"，下面我们通过一个例子来实现它。

【例 7-8】运算符重载之复数的加法。

```
using System;
using System.Collections.Generic;
using System.Linq;
using System.Text;

namespace ComplexPlus
{
    class Complex//复数类
    {
        double a, b;//代表实部与虚部，私有变量
        public Complex(int m, int n)//构造函数
        {
            a=m;
            b=n;
        }
        //重载"+"运算符使之能够对两个复数进行加
```

```
        public static Complex operator +(Complex x, Complex y)
        {
            Complex t=new Complex(0, 0);
            t.a=x.a+y.a;
            t.b=x.b+y.b;
            return (t);
        }
        public void DispCom()//显示复数的值
        {
            if (b > 0)
                Console.WriteLine("{0}+{1}i", a, b);
            else
                Console.WriteLine("{0}-{1}i", a, -b);
        }
    }
    class Test
    {
        public static void Main()
        {
            Complex x=new Complex(1, 2);//生成第一个复数
            x.DispCom();//显示该复数的值
            Complex y=new Complex(3, 4);//生成第二个复数
            y.DispCom();//显示该复数的值
            Complex z=new Complex(0, 0);//生成第三个复数
            z=x+y;//通过重载运算符"+"求得复数 x、y 的和并赋值给 z
            z.DispCom();//显示复数 z 的值
        }
    }
}
```

程序运行结果如图 7-9 所示。

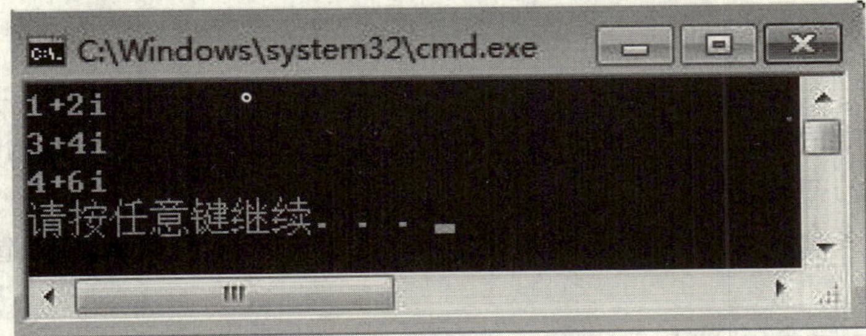

图 7-9　程序运行结果

请大家仿照这个例子,写出复数的乘法和除法的程序。

(4)方法的递归调用。

C#语言同样支持 C 语言中对方法的递归调用,

7.构造函数和析构函数

构造函数是在类被实例化时首先执行的函数,主要是完成对象初始化操作。

在 C# 中,类的构造函数遵循以下规定:

(1)构造函数的函数名和类的名称一样。

(2)当某个类没有构造函数时,系统将自动为其创建构造函数,这种构造函数称为默认构造函数。

(3)构造函数的访问修饰符总是 public。如果是 private,则表示这个类不能被实例化,这通常用于只含有静态成员的类中。

(4)构造函数由于不需要显式调用,因而不用声明返回类型。

(5)构造函数可以带参数也可以不带参数。

下面代码说明了构造方法的声明方式:

```
class Dog
    {
        public string name;
        public Dog()
        {
            name="未知";
            Console.WriteLine("Dog 类已经被实例化");
        }
public void Bark()
        {
            Console.WriteLine("汪汪");
        }
static void Main(string[] args)
        {
            Dog myDog=new Dog();
            Console.Write("myDog 的名字为{0},",myDog.name);
            Console.WriteLine("叫声为");
            myDog.Bark();
        }
    }
```

上面例子中的构造方法不带参数。构造方法也可以带有参数,根据传递的不同数据对类的实例进行不同的初始化。

一个类可以有多个具有不同参数的构造方法,这种方式称为重载的构造方法。请看下面代码:

```
class Dog
    {
        public string name;
        public int age;
```

```
        public Dog()
        {
            name="未知";
            age=1;
            Console.WriteLine("Dog():Dog类已经被实例化");
        }
        public Dog(string dogName)
        {
            name=dogName;
            age=1;
            Console.WriteLine("Dog(string):Dog类已经被实例化");
        }
    public Dog(string dogName,int dogAge)
        {
            name=dogName;
            age=dogAge ;
            Console.WriteLine("Dog(string,int):Dog类已经被实例化");
        }
    static void Main(string[] args)
        {
            Dog myDog=new Dog();
            Console.WriteLine("myDog的名字为{0},年龄为{1}", myDog.name, myDog.age);
            Dog yourDog=new Dog("豆豆");
            Console.WriteLine("yourDog的名字为{0},年龄为{1}", yourDog.name, yourDog.age);
            Dog hisDog=new Dog("毛毛",3);
            Console.WriteLine("hisDog的名字为{0},年龄为{1}", hisDog.name, hisDog.age);
        }
    }
```

析构函数在对象销毁时被调用,常用来释放对象占用的存储空间。析构函数具有以下特点。

(1)析构函数不能带有参数。

(2)析构函数不能拥有访问修饰符。

(3)不能显式地调用析构函数。

(4)析构函数的命名规则是在类名前加上一个"~"号。

(5)析构函数在对象销毁时自动调用。

8. 事件

"事件"是指当对象发生某些事情时,向其他对象提供通知的一种方法。事件一般有两个角色:一个是事件发送方,另一个是事件接收方。事件发送方是指触发事件的对象,事件接收方是指想在某种事件发生时被通知的对象。

举例来说,在看电视的时候,你使用遥控器来更换频道,那么按下遥控器所产生的方法就可以称之为一个事件，而你就是事件的发送方。当这个事件发生时，电视机被通知更换频道，所以电视机就是事件的接收方。

事件发送方其实就是一个对象，这个对象会自行维护本身的状态信息。当本身的状态信息变动时，便触发一个事件，并通知所有的事件接收方。事件接收方可以注册感兴趣的事件，一般提供一个事件处理程序，以便在事件发送方触发一个事件后，会自动执行这段程序代码的内容。

事件最常见的用途是用于图形用户界面。一般情况下，每个控件都有一些事件，当用户对控件对象进行某些操作(如单击某个按钮)时，系统就会将相关信息告诉这些事件。

调用事件的代码很简单，它的语法和调用一个方法类似，直接使用事件的名称，并传入事件的参数就可以了。

7.4 任务实施

在学习了前面的知识点后，我们就本章导引部分提出的问题，使用面向对象的思想来解决。为了更加全面地运用这些知识，我们刻画了一个拥有诸多成员的类 Human。

【问题分析】

步骤一：创建一个“人”的类(Human)；

步骤二：为“人”类添加构造函数；

步骤三：为这个类添加常量、字段和属性；

步骤四：为这个类添加方法及方法的参数；

步骤五：定义一个测试类，在 Main 方法中实例化人类的对象。

【程序代码】

```
using System;
using System.Collections.Generic;
using System.Linq;
using System.Text;

namespace chapter8
{
    class Human          //人类
    {
        private string name;            //私有字段:名字
        private string sex;             //私有字段:性别
        private int age;                //私有字段:年龄
        public const int RetirementAge=65;//常量:法定退休年龄,65 岁
        public Human()   //默认构造函数
        {
            this.name="小明";
            this.sex="男";
```

```
        this.age=20;
    }
    public Human(string na,string se,int ag)  //带参数的构造函数
    {
        this.name=na;
        this.sex=se;
        this.age=ag;
    }
    public string Name              //属性:名字,用来供外部存取访问
    {
        get { return name; }
        set { name=value; }
    }
    public string Sex
    {
        get { return sex; }//只读属性,性别
    }
    public int Age                  //年龄,设置时需要判断是否有效,假定人的寿命为 0~150 岁
    {
        get {
                return age;
            }
        set {
            if (value > 0 && value < 150)
            {
                age=value;
            }
            else
            {
                Console.WriteLine("年龄是无效数据!");
            }
            }
    }
    public void speak()             //不带参数的普通方法
    {
        Console.WriteLine("I can speak!");
    }
    public void speak(string content)          //不带参数的普通方法
    {
        Console.WriteLine("Hello,The Content is "+content);
    }
}
```

```
class Program
{
    static void Main(string[] args)
    {
        Console.WriteLine("退休年龄是:"+Human.RetirementAge);//常量通过类名调用
        Human h1=new Human();
        Human h2=new Human("李平","男",15);
        Human h3=new Human("张敏","女",30);//
        // h1.Sex="男";//此句有错误,因为 Sex 是一个只读的属性
        Console.WriteLine(h1.Name+" "+h1.Sex+" "+h1.Age);
        Console.WriteLine(h2.Name+" "+h2.Sex+" "+h2.Age);
        Console.WriteLine(h3.Name+" "+h3.Sex+" "+h3.Age);
        h1.Age=210;//此处会输入无效数据提示,因为我们尝试给 Age 属性赋值无效的数据
        Console.WriteLine(h3.Name+" "+h3.Sex+" "+h3.Age);
        h1.speak();
        h2.speak("你好,我是"+h2.Name);
        h3.speak("你好,我是"+h3.Name);
    }
}
}
```

程序运行结果如图 7-10 所示。

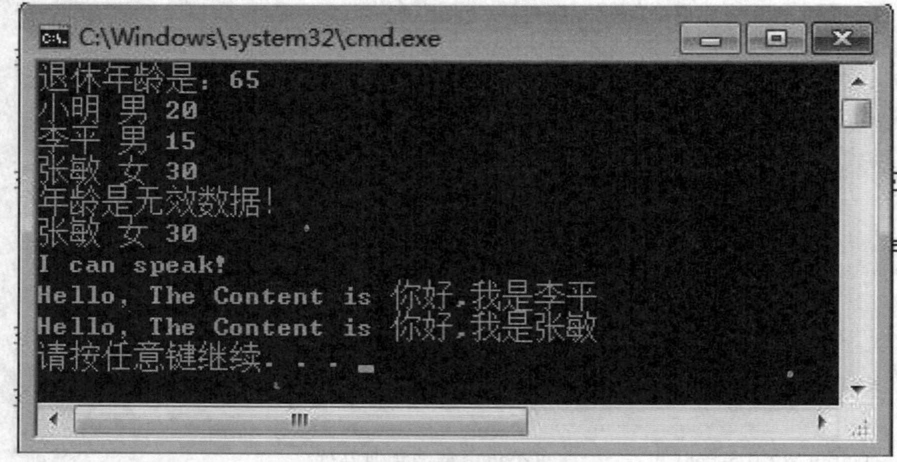

图 7-10 程序运行结果

7.5 技术拓展

当“人”这个类出现之后,为了能够将人类的特点传承下去,“人”类应该像世间万物一样,拥有繁衍生息的能力。在面向对象的思想中,“继承”的引入很好地解决了这个问题。比如,我们定义一个父类(又称基类):

```
classfather  //基类,父亲
    {
        stringFamilyName="张";  //姓张
    }
```

根据中国人“子承父姓”的传统,我们继续定义一个继承这个类的“子类”son:

```
classson  //子类,儿子
    {
        string LastName="飞";  //子类无需定义姓氏,直接起名字就可以了,因为可以
//从父类中获得姓氏。
    }
```

这就是面向对象的魔力,关于更多的内容,请继续了解下一章。

7.6　本章小结

在这一章里,我们了解了面向对象编程思想的基本概念,了解了类和对象的关系,对类中的数据成员和函数成员进行了介绍,通过一个人类的例子,我们能够写出第一个面向对象的程序。

7.7　强化练习

一、选择题

1. 可以作用于结构类型的访问限制修饰符有________。

A. public　　　　B. protected

C. private　　　　D. internal

2. c#程序中,方法的签名由以下哪几部分组成__________。

A. 方法名　　　　B. 参数列表

C. 返回类型　　　　D. 方法执行体

3. 下面有关构造函数和析构函数的说法,不正确的有__________。

A. 构造函数和析构函数都不能有返回值

B. 可以定义静态的构造函数

C. 一个类可以有多个构造函数

D. 一个类可以有多个析构函数

4. 下面有关属性的说法,不正确的有__________。

A. 属件可以有默认值

B. 属性可以不和任何字段相关联

C. 属性的 get 访问函数是不带参数的特殊方法

D. 属性的 set 访问函数是没有返回值特殊方法

5. 以下不能作为复合赋值操作符被重载的有__________。

A. +=　　B. *=

C. &=　　D.!=

6. 在类的定义中，类的__________描述了该类的对象的行为特征。

A. 类名　　B. 方法

C. 所属的名字空间　　D. 私有字段

7. C#中 MyClass 为一自定义类，其中有以下方法定义：

```
public void Hello(){..}
```

使用以下语句创建了该类的对象，并使变量 obj 引用该对象：

```
MyClass obj=new MyClass();
```

那么，访问类 MyClass 的 Hello 方法是__________条语句。

A. obj. Hello();　　B. obj::Hello();

C. MyClass. Hello();　　D. MyClass::Hello();

8. 分析下列 C#语句，注意类 MyClass 没有访问修饰符。

```
namespace ClassLibrary1
{
class MyClass
{
    public class subClass
    {
        int i;
    }
}
}
```

若必须为类 MyClass 添加访问修饰符，并使 MyClass 的可访问域保持不变，则应选择__________。

A. private　　B. protected

C. internal　　D. public

E. protected internal

9. 分析下列程序：

```
public class class1
{
private string _sData="";
public string sData{set{_sData=value;}}
}
```

在 Main 函数中，在成功创建该类的对象，并将其引用保存到变量 obj 后，下列合法的语句有__________。

A. obj. sData="It is funny!";　　B. Console. WriteLine(obj. sData);

C. obj. _sData=100;　　D. obj. set(obj. sData);

10. 在 C#中设计类时，如何将一个可读可写的公有属性 Name 修改为只读属性？__________

A. 将 Name 的 set 块删除

B. 将 Name 的 set 块置空

C. 将 Name 的 set 块前加修饰符 private

D. 将 Name 添加 readonly 修饰符

11. 下面是关于类的描述,正确的有________。

A. 类是一个能存储数据并执行代码的数据结构

B. 类的数据成员存储与类或类的实例相关的数据,它们通常模拟该类所表示的现实世界事物的特性

C. 类的函数成员执行代码,它们通常模拟类所表示的现实世界事物的功能和操作

D. 一个类可以有任意数目的数据成员和函数成员

12. 下面是关于类声明的描述,正确的有________。

A. 类的声明定义新类的特征和成员

B. 类的声明并不创建类的实例,但创建了用于创建实例的模板

C. 类的声明提供下列内容:类的名称、类的成员和类的特征

D. 大括号内包含了成员的声明,它们组成了类主体

E. 类成员可以在类主体内部以任何顺序声明,这意味着成员的声明完全可以引用在后面声明中才定义另一个的成员

13. 下面是关于字段的描述,正确的有________。

A. 字段是类的数据成员

B. 字段可以是任何类型,无论是预定义类型还是用户定义类型

C. 和所有变量一样,字段用来保存数据

D. 字段可以被写入和被读取

14. 下面是关于方法声明组成成分的描述,正确的有________。

A. 返回类型:它声明了方法返回值的类型。如果一个方法不返回值,那么返回类型被指定为 void

B. 名称:这是方法的名称;

C. 参数列表:它由至少一对空的圆括号组成,如果有参数,它们被列在圆括号中间

D. 方法体:它由一对大括号组成,大括号内包含执行代码。

15. 下面是关于私有成员的描述,正确的有________。

A. 私有成员只能从声明它的类的内部访问,其他的类不能看见或访问它们

B. 私有访问是默认的访问级别,所以如果一个成员在声明时不带访问修饰符,那它就是私有成员

C. 还可以使用 private 访问修饰符显式地声明一个成员为私有

D. 隐式地声明私有成员和显式地声明没有语义上的不同,两种形式是等价的

16. 下面是关于方法返回值的描述,正确的有________。

A. 方法可以向调用代码返回一个值,返回的值被插入到调用代码中发起调用的表达式所在的位置

B. 要返回值,方法必须在方法名前面声明一个返回类型

C. 如果方法不返回值,它必须声明 void 返回类型

D. 声明了返回类型的方法必须使用返回语句从方法中返回一个值,该返回语句包括关键字 return 及其后面的表达式,每一条穿过方法的路径都必须以一条这种形式的 return 语句结束

17. 下面是关于方法形参的描述,正确的有________。

A. 因为形参是变量,所以它们有类型和名称,并能被写入和读出

B. 和方法中的其他变量不同,形参在方法体的外面定义并在方法开始之前初始化,但输出参数例外,它在方法体的内定义

C. 参数列表中可以有任意数目的形参声明,而且声明必须用逗号隔开

D. 形参在整个方法体内可用,在大部分地方就像其他本地变量一样

18. 下面是关于方法实参的描述,正确的有________。

A. 用于初始化形参的表达式或变量称为实参

B. 实参放在方法调用的参数列表中

C. 当方法被调用的时候,每个实参的值都被用于初始化相应的形参,方法体随后被执行

D. 实参的数目必须和形参的数目相同(参数数组是个例外)

E. 每个实参必须和相应形参的类型匹配

19. 下面是关于递归的描述,正确的有________。

A. 除了调用其他方法,方法还能调用自己,这称为递归(recursion)

B. 方法调用自己的机制和调用其他方法完全相同,方法的每次调用都会有一个新的帧被压入栈中

C. 当递归越来越深时,栈也越来越大

D. 设计递归方法时要避免无限递归

二、问答题

1. 面向对象的思想主要包括什么?

2. 与结构化编程方法相比,面向对象编程有哪些优点?

三、编程题

1. 分别定义出矩形、圆形、三角形这三个类,然后根据它们的特性来定义出属性,比如,矩形有长和宽、圆形有半径、三角形有三边,根据这些属性来计算出它们的面积,并写出一个测试类来测试一下。

2. 编写一个类,其中包含一个排序的方法 Sort(),当传入的是一串整数时,就按照从小到大的顺序输出;如果传入的是一个字符串,就将字符串反序输出。

3. 编写一个控制台应用程序,定义一个类 MyClass,类中包含有 public、private 以及

protected 数据成员及方法。然后再定义一个类 MyMain，将 Main 方法放在 MyMain 中。在 Main 方法中创建 MyClass 类的一个对象，并分别访问类中的数据成员及方法。要求：注明在试图访问所有类成员时哪些语句会产生编译错误。

4. 编写一个控制台应用程序，完成下列功能：

(1)创建一个类，用无参数的构造函数输出该类的类名。

(2)添加一个重载的构造函数，带有一个 String 类型的参数，在此构造函数中将传递的字符串打印出来。

(3)在 Main 方法中创建属于这个类的一个对象，不传递参数。

(4)在 Main 方法中创建属于这个类的另一个对象，传递一个字符串“This is a string.”。

(5)在 Main 方法中声明类型为这个类的一个具有 5 个对象的数组，但不要实际创建分配到数组里的对象。

(6)写出运行程应该输出的结果。

第 8 章 从人类模型学习面向对象思想（高级篇）

8.1 任务导引——超人归来

在 1978 年拍摄的科幻系列电影《超人》中，介绍了下面这段剧情：

“氪星即将毁灭之际，为保持种族的延续，科学家乔·艾尔通过飞船将他尚在襁褓中的儿子卡尔送往地球。卡尔被地球上的肯特夫妇抚养成人，他具有超人的能力，将成为地球上正义和真理的守护者。长大了的卡尔来到大都市，成为《行星日报》的记者。平时，他是温文尔雅的普通记者，危急时刻就变成穿着紧身衣、披着斗篷在空中自由飞翔，拥有透视能力、钢铁般身体的人类守护神——超人。当邪恶的鲁索妄图统治全世界时，超人是唯一能够制止他的人。”

这部电影取材自著名系列漫画，耗资 5500 万美元拍摄，美国总票房达到 1.34 亿美元，海外票房 1.66 亿美元，正式开启了银幕上的漫画英雄时代，同时也令克里斯托弗·里夫成为最受爱戴的偶像演员之一。几年后，这部电影还远播到了中国，培养了整整一代《超人》影迷。这部电影堪称是科幻电影史上的经典之作，如图 8-1 所示。

图 8-1　电影《超人归来》海报

8.2　任务分析

在上一章中,我们应用面向对象的思想,通过定义 Human 类并添加类的各种成员,成功实现了“造人”的梦想,接下来,我们要在“人”类的基础上,创建出“超人”的类。根据超人的介绍,我们知道,所谓“超人”,就是能够完成普通人不能完成的一些任务,比如,能够自由飞翔、可以透视各种物体、可以毫不费力的推动巨型轮船等等。要想让“人”类也拥有这些“特异”功能,需要对我们的模型类进行修改,首先超人具有普通人的特征,我们可以通过“继承”来让他把原来“封装”人类模型中的各种成员获取到。而超人作为人的一种另类的存在,他拥有比普通人更快的速度、更结实的身体,我们都可以在“超人”类中通过改写“人”类的方法来实现,这也体现了面向对象的“多态性”。我们还可以通过定义接口“fly”等来让超人拥有原本“人”类所不具备的飞行能力。

8.3　技术准备

封装、继承与多态性是面向对象编程的三大原则。封装用于隐藏调用者不需要了解的信息;继承则简化了类的设计;多态性是指类为名称相同的方法提供不同实现方式的能力。在实际编程中,只有深刻理解这些概念,才能更好地利用面向对象技术编写出高质量的程序代码。

8.3.1　封装

在面向对象编程中,封装是指把数据和处理这些数据的代码封装在一个类中,然后通过提供相应的属性和方法供调用者使用,通过隐藏调用者不需要的信息(如实现细节),可以让调用者只关心对象中对其有用的相关内容。

在设计类时,应尽可能隐藏实现的细节,只提供给调用者需要知道的操作和数据。这样做的好处是当设计者修改实现的细节时,可以不影响调用者与类的交互方式。

【例 8-1】通过属性进行封装。

```
using System;
using System.Collections.Generic;
using System.Text;
namespaceEncapsulationExample
{
    class BankAccount
    {
        //帐户余额
        private decimal accountBalance;
        public decimal AccountBalance
        {
```

```
            get
            {
                return accountBalance;
            }
        }
        public BankAccount(decimal startAmount)
        {
            accountBalance=startAmount;
        }
        //可以通过此方法取款
        public void Withdraw(decimal money)
        {
            if (accountBalance >= money)
            {
                accountBalance -= money;
            }
        }
    }
    class Program
    {
        static void Main(string[] args)
        {
            BankAccount ZhangSan=new BankAccount(1000);
            ZhangSan.Withdraw(100);
            Console.WriteLine("帐户的余额为{0:C}", ZhangSan.AccountBalance);
            Console.ReadLine();
        }
    }
}
```

程序运行结果如图 8-2 所示。

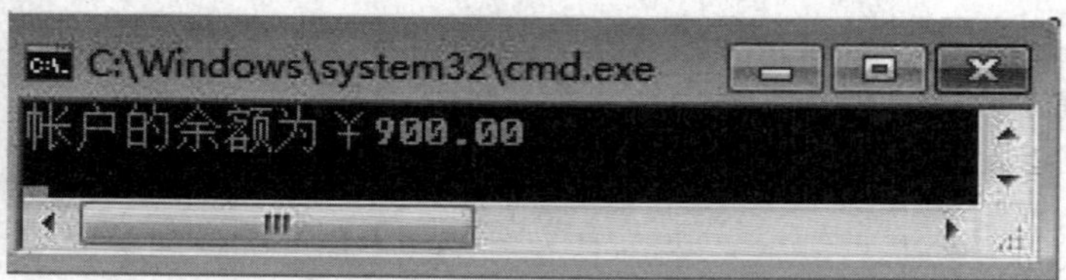

图 8-2 程序运行结果

这是对银行账户余额 accountBalance 进行封装的一个例子。在这个例子中，银行账户 ZhangSan 可以通过 AccountBalance 属性读取账户余额 accountBalance 的值，但不能直接读取或修改私有成员 accountBalance 的值。另外，由于 AccountBalance 属性只提供了 get 操作，因此也无法通过该属性修改 accountBalance 的值，从而避免了直接修改余额引起不正确的结果。

8.3.2　继承

继承(Inheritance)是指类能够从它的父类中继承除构造函数以外的所有数据的定义和功能。继承能够提高代码的可重用性。通过继承,可以使程序员直接享用他人或自己事先写好的基类中已有的功能,而不必全部重新编写。

在 C＃中,作为基础的、被继承的类称为基类(Base Class),继承自别的类的子类称为扩充类(Derived Class,又叫派生类)。

C＃语言提供了两种实现继承的方式:类继承和接口继承。不过类继承只允许单一继承,即只有一个基类。单一继承已经能够满足大多数面向对象应用程序开发上的要求,也有效降低了复杂性。如果必须使用多重继承,可以通过接口来实现。

注意,虽然继承是非常有用的编程概念,但使用不当也会带来一些负面的效果。下列情况下可以使用类继承:

(1) 扩充类与基类的关系是“属于”关系而不是“具有”关系,或者说,扩充类不能是基类的“子集”,也不能是只包含基类中的一部分。“具有”关系的类不适合使用类继承,因为这样可能会继承不适当的属性和方法。

(2)可以重用基类的代码。例如,如果一个数据库中有多个表,对每一个表都设计添加、删除、修改等功能显然既费时又容易出错,这时使用类继承就是比较好的选择。

(3) 需要将相同的类和方法应用到不同的数据类型。这时可以利用重写基类中的某些方法来实现。

(4) 类层次分级比较少,而且其他开发人员不可能添加太多的级别。继承最适合于分级相对较少的类层次结构。一般来说,应将层次结构限制在低于六级。

(5)需要只修改基类就可以对继承的类进行全部更改的情况。继承的一个最强大的功能是在基类中进行的更改将自动传播到派生类中。例如,更新一个方法的实现,从而几十甚至上百个派生类都可以自动使用该新代码。但是,一般情况下,应避免更改基类成员的名称或类型,因为这样容易导致使用原成员的扩充类出现问题。

1. 扩充类

要声明一个扩充类,可以使用下面的语法:

```
[访问修饰符] class 扩充类名称:基类名称
{
    // 程序代码
}
```

扩充类继承了所有定义在基类中数据的定义和方法。但是要注意,构造函数则排除在外,不会被继承下来,而且扩充类不继承基类的数据值。

【例 8-2】类和继承。

```
using System;
namespace InheritanceExample
{
    public class Animal
    {
```

```
        public Animal()
        {
            Console.WriteLine("Hello, Animal!");
        }
        public Animal(string name)
        {
            Console.WriteLine("Hello,My name is "+name+"!");
        }
        public void Eat()
        {
            Console.WriteLine("Eating");
        }
    }
    public class Cat : Animal
    {
        public Cat()
        {
            Console.WriteLine("Hello, Cat!");
        }
    }
    class Program
    {
        static void Main(string[] args)
        {
            Cat e=new Cat();
            e.Eat();
            Console.ReadLine();
        }
    }
}
```

程序运行结果如图 8-3 所示。

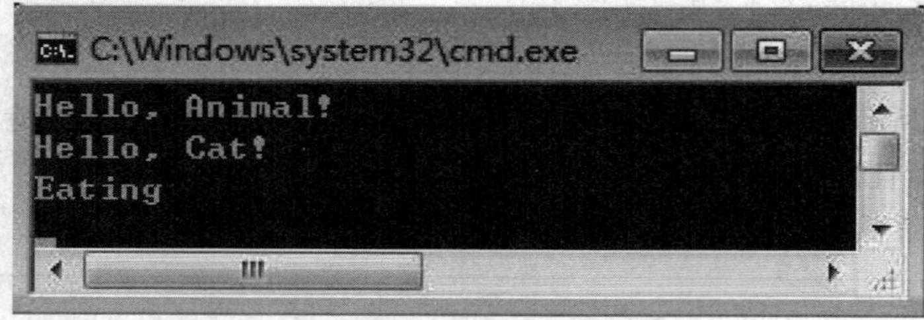

图 8-3 程序运行结果

类 Cat 继承自类 Animal，当创建 Cat 的实例时，会首先调用基类的构造函数，然后调用扩充类的构造函数。

不过，扩充类并不一定能够直接使用基类中所定义的所有数据与方法，如基类的 public 成员将会成为扩充类的 public 成员，public 表示允许外部类自由地调用；而基类的 private 成员则只会被基类本身的成员存取，扩充类无法使用基类的 private 成员。

2. 密封类

密封类是指不能被其他类继承的类。在 C# 中，使用 sealed 关键字声明密封类。由于密封类不能被其他类继承，因此系统在运行时就可以对密封类的方法调用进行优化，从而提高系统的性能。

同样，sealed 关键字也可以限制基类中的方法被扩充类重写。例如，下面的程序代码是错误的。

【例 8-3】错误的用法。

```
using System;
namespace SealExample
{
    public class Hello
    {
        public sealed void SayHello()
        {
            Console.WriteLine("这是基类!");
        }
    }
    public class NewHello : Hello
    {
        public new void SayHello()
        {
            Console.WriteLine("这是扩充类!");
        }
    }
    class Program
    {
        static void Main(string[] args)
        {
            NewHello me=new NewHello();
            me.SayHello();
            Console.ReadLine();
        }
    }
}
```

程序出错信息图 8-4 所示。

错误列表
1 个错误 | 0 个警告 | 0 个消息
	说明
1	因为"SealExample.Hello.SayHello()"不是重写，所以无法将其密封

图 8-4 错误列表

因为 SayHello 已经用 sealed 限制为不能被继承，所以在 NewHello 类中试图重写 SayHello 方法是错误的。

8.3.3 多态性

多态性是指类为名称相同的方法提供不同实现方式的能力。利用多态性，就可以调用类中的某个方法而无需考虑该方法是如何实现的。

有以下几种实现多态性的方式。

第一种方式是通过继承实现多态性。多个类可以继承自同一个类，每个扩充类又可根据需要重写基成员以提供不同的功能。

例如下面的这段程序：

```
class Shape
   {
       public virtual void Draw()
       {
           Console.WriteLine("画形状");
       }
   }
   class Rectangle : Shape
   {
       public override void Draw()
       {
           Console.WriteLine("画矩形");
       }
   }
   class Square : Rectangle
   {
       public override void Draw()
       {
           Console.WriteLine("画正方形");
       }
   }
   class Triangle : Shape
   {
       public override void Draw()
```

```
        {
            Console.WriteLine("画三角形");
        }
    }
    class Circle : Shape
    {
        public override void Draw()
        {
            Console.WriteLine("画圆");
        }
    }
    class Program
    {
        static void Main(string[] args)
        {
            int shapeNum=4;
            Shape[] shapes=new Shape[shapeNum];
            shapes[0]=new Rectangle();
            shapes[1]=new Circle();
            shapes[2]=new Square();
            shapes[3]=new Triangle();
            for (int i=0; i < shapes.Length; i++)
            {
                shapes[i].Draw();
            }
        }
    }
```

这段程序充分说明了，同样名称的 draw 方法经过不同对象的调用，产生了不同的结果，这就是通过重写来体现的多态性。

第二种方式是通过抽象类实现多态性。抽象类本身不能被实例化，只能在扩充类中通过继承使用。抽象类的部分或全部成员不一定都要实现，但是要在继承类中全部实现。抽象类中已实现的成员仍可以被重写，并且继承类仍可以实现其他功能。

第三种方式是通过接口实现多态性。多个类可实现相同的“接口”，而单个类可以实现一个或多个接口。接口本质上是类需要如何响应的定义。接口仅声明类需要实现的方法、属性和事件，以及每个成员需要接收和返回的参数类型，而这些成员的特定实现留给实现类去完成。

1. 虚拟方法

如果基类提供的功能不能够满足要求，而且基类允许重写，则可以在扩充类中重新定义基类的方法。在基类中，如果想让某个方法或者事件被扩充类重写，可以使用修饰符 virtual 表明，例如：

```
public virtual void myMethod()
```

```
{
……//程序代码
}
```

这样，在扩充类中就可以使用修饰符 override 重写该方法或者事件了。例如：

```
public override void myMethod()
{
……//程序代码
}
```

在 C# 中，定义的方法默认都是非虚拟的(non-virtual)，即不允许重写这些方法，但是基类中的方法使用了 virtual 修饰符以后，该方法就变成了虚拟方法。在扩充类中，既可以重写基类的虚拟方法，也可以不重写。但是要注意，如果重写基类的虚拟方法，必须在扩充类中用 override 关键字声明。

使用虚拟方法与重写方法时，需要注意下面几个方面：

(1) 虚拟方法不能声明为静态(static)的。因为静态的方法是应用在类这一层次的，而面向对象的多态性只能在对象上运作，所以无法在类中使用。

(2) virtual 不能和 private 一起使用，因为声明为 private 就无法在扩充类中重写了。

(3) 重写方法的名称、参数个数、类型以及返回值都必须和虚拟方法中的一致。

【例 8-4】重写基类的方法。

```
using System;
namespace OverrideExample
{
    class Shape
    {
        public virtual voidShowShape ()
        {
            Console.WriteLine("我是图形!");
        }
    }
    class Triangle : Shape
    {
        public override voidShowShape ()
        {
            base. ShowShape ();
            Console.WriteLine("我是三角形!");
        }
    }
    class Program
    {
        static void Main(string[] args)
        {
            Triangle me=new Triangle();
```

```
            me.ShowShape ();
            Console.ReadLine();
        }
    }
}
```

程序运行结果如图 8-5 所示。

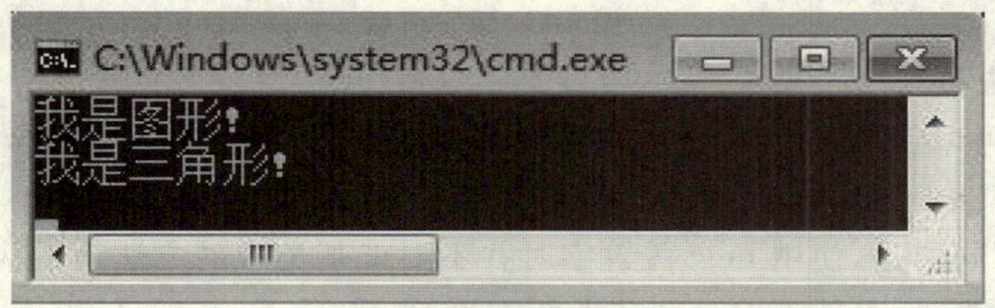

图 8-5　程序运行结果

在类 Triangle 中使用 base. ShowShape()是指调用在类 Shape 中声明的 ShowShape 方法。基访问禁用了虚拟调用机制,它只是简单地将那个重写了的基方法视为非虚拟方法。

注意: 只有使用 override 修饰符时,才能重写基类的方法。否则,在继承的类中声明一个与基类方法同名的方法会隐藏基类的方法。

【例 8-5】容易引起混乱的方法声明。

```
using System;
namespace ConfusionExample
{
    class Shape
    {
        public virtual void F() { }
    }
    class Triangle : Shape
    {
        public virtual void F() { }
    }
    class Program
    {
        static void Main(string[] args)
        {
            Triangle me=new Triangle();
            me.F();
            Console.ReadLine();
        }
    }
}
```

由于 Triangle 中的 F 方法不包含 override 修饰符,因此 Triangle 中的 F 方法不重写 Shape

中的 F 方法，而是隐藏 Shape 中同名的 F 方法，但是由于在 Triangle 中没有显式的声明隐藏基类的 F 方法，因此编译后在 Triangle 中的 F 方法名下面会出现一条下划线，当鼠标停留到 Triangle 中的 F 方法名处，会显示一条警告信息，如图 8-6 所示。

```
class Triangle : Shape
{
    public virtual void F() { }
}
class Program
{
```

"ConfusionExample.Triangle.F()" 将隐藏继承的成员 "ConfusionExample.Shape.F()"，若要使当前成员重写该实现，请添加关键字 override。

图 8-6 警告信息

2. 隐藏基类的方法

在扩充类中，可以使用 new 关键字来隐藏基类的方法，即使用一个完全不同的方法取代旧的方法。

与方法重写不同的是，使用 new 关键字时并不要求基类中的方法声明为 virtual，只要在扩充类的方法前声明为 new，就可以隐藏基类的方法。

【例 8-6】隐藏基类的方法。

```
using System;
namespace ConcealExample
{
    public class Hello
    {
        public void SayHello()
        {
            Console.WriteLine("这是基类!");
        }
    }
    public class NewHello : Hello
    {
        public new void SayHello()
        {
            Console.WriteLine("这是扩充类!");
        }
    }
    class Program
    {
        static void Main(string[] args)
        {
            Hello b=new Hello();
            b.SayHello();
            NewHello d=new NewHello();
            d.SayHello();
            Console.ReadLine();
        }
    }
}
```

程序运行结果如图 8-7 所示。

图 8-7 程序运行结果

什么情况下需要这样做呢？比如现在根据需要要求设计人员 A 重新设计基类中的某个方法，该基类是一年前由另一组设计人员设计的，并且已经交给用户使用，可是原来的设计人员在该方法前并没有加 virtual 关键字，设计人员 A 也没有这些源代码。这种情况下显然既不能使用 override 重写基类的方法，又无法直接修改基类的方法，这时就需要隐藏基类的方法。

3. 抽象类

抽象类使用 abstract 修饰符，用于表示所修饰的类是不完整的，即类中的成员(例如方法)不一定全部实现，可以只有声明没有实现。抽象类只能用作基类。抽象类与非抽象类相比有以下主要不同之处：

第一是抽象类不能直接被实例化，只能在扩充类中通过继承使用，对抽象类使用 new 运算符会产生编译时错误。

第二个不同点是抽象类可以包含抽象成员，而非抽象类不能包含抽象成员。当从抽象类派生非抽象类时，这些非抽象类必须具体实现所继承的所有抽象成员。例如：

```
abstract class A
{
    public abstract void F();   // 抽象方法,注意该方法没有实现部分
}
abstract class B: A
{
    public void G() {}
}
class C: B
{
    public override void F()
    {
        // 实现部分
    }
}
```

在上面的代码中，抽象类 A 引入抽象方法 F。注意，抽象方法均为虚拟方法，不需要加 virtual。类 B 引入另一个方法 G，但由于它不提供 F 的实现，因此 B 也必须声明为抽象类。类 C 重写了抽象方法 F，并提供了一个具体实现。由于 C 中没有抽象成员，因此可以将 C 声明为非抽象类。

在非抽象类中实现抽象类时，必须实现抽象类中的每一个抽象方法，而且每个实现的方法必须和抽象类中指定的方法一样，即接收相同数目和类型的参数，具有同样的返回值。

【例 8-7】抽象方法和抽象类。

```
using System;
namespace AbstractExample
{
    public abstract class Shape
    {
        public virtual void Draw()
        {
            Console.WriteLine("画一种图形!");
        }
        public abstract void Rotate();
    }
    public class Square : Shape
    {
        public override void Draw()
        {
            Console.WriteLine("画一个正方形!");
        }
        public override void Rotate()
        {
            Console.WriteLine("顺时针方向旋转正方形!");
        }
    }
    class Program
    {
        static void Main(string[] args)
        {
            Square me=new Square();
            me.Draw();
            me.Rotate();
            Console.ReadLine();
        }
    }
}
```

程序运行结果如图 8-8 所示。

图 8-8 程序运行结果

如果有一个通用方法，该方法对所有扩充类来说是公共的，并且强制要求所有扩充类都必须实现这个方法，这种情况下就可以把该方法定义为基类中的抽象方法。

8.3.4　接口

在某种程度上，接口像一个抽象类。与抽象类不同的是，接口是完全抽象的成员集合。接口的主要特点是只有声明部分，而没有实现部分。和类一样，接口也定义了一系列属性、方法和事件等。但与类不同的是，接口本身并不提供接口成员的实现。而是在继承接口的类中实现，并在类中被定义为单独的实体。

接口中不包含任何程序代码。例如，下面的写法是错误的：

```
public interface Itest
{
    int sum()
    {
        //代码
    }
}
```

定义在接口中的方法都是 public 的，不能再声明。例如，下面的写法也是错误的：

```
public interface Itest
{
    public int sum();    //不能有 public 声明
}
```

接口表示调用者和设计者的一种约定，比如提供的某个方法用什么名字、需要哪些参数、每个参数的类型是什么等。在多人合作开发同一个项目时，事先定义好相互调用的接口可以大大提高开发的效率。接口是用类来实现的，实现接口的类必须严格按照接口的声明来实现接口提供的功能。有了接口，就可以在不影响现有接口声明的情况下，修改接口的内部实现，从而使兼容性问题最小化。

当其他设计者调用了声明的接口后，就不能再随意更改接口的定义，否则项目开发者事先的约定就失去了意义。但是可以在类中修改相应的代码，完成需要改动的内容，而提供的接口则保持不变。

抽象类和接口的一个主要差别是：类可以继承自多个接口，但仅能从一个抽象类或任何其他类型的单个类继承。

选择将功能设计为接口还是抽象类有时是一件困难的事。抽象类是一种不能实例化而必须从中继承的类。抽象类可以完全实现，但更常见的是部分实现或者根本不实现，从而封装继承类的通用功能。

使用接口还是抽象类来为组件提供多态性主要考虑以下几个方面：

(1) 如果预计要创建组件的多个版本，则创建抽象类。抽象类提供简单易行的方法来控制组件版本。通过更新基类，使所有继承类都自动更新。另一方面，为了保护为使用接口而编写的现有系统，要求接口一旦创建就不能更改。如果需要接口的新版本，必须创建一个全新的接口。

(2) 如果创建的功能将在大范围的完全不同的对象间使用，则使用接口。抽象类应主要用于关系密切的对象，而接口最适合为不相关的类提供通用功能。

(3) 如果要设计小而简练的功能块，则使用接口。如果要设计大的功能单元，则使用抽象类。设计优良的接口往往很小且相互独立，减少了发生性能问题的可能。

(4) 如果要在组件的所有实现间提供通用的已实现功能，则使用抽象类。抽象类允许部分实现类，而接口不包含任何成员的实现。

1. 接口的声明与实现

在 C# 中，使用 interface 关键字声明一个接口。常用的语法是：

```
[访问修饰符] interface 接口名称
{
    // 接口体
}
```

一般情况下，建议以大写的"I"开头指定接口名，表明这是一个接口。

要实现一个接口，必须要有相应的类。实现某个接口的任何类都将拥有该接口中的所有元素。因此，当需要在不相关的类中实现同样的功能时，就可以使用接口。

【例 8-8】接口的声明与实现。

```
using System;
namespace InterfaceExample1
{
    interface Ifunction1
    {
        int sum(int x1, int x2);
    }
    interface Ifunction2
    {
        string str { get;set;}
    }
    class MyTest : Ifunction1, Ifunction2     //此处的冒号表示接口的实现
    {
        private string mystr;
        //构造函数
        public MyTest()
        { }
        //构造函数
        public MyTest(string str)
        {
            mystr=str;
        }
        //实现接口 Ifunction1 中的方法
        public int sum(int x1, int x2)
```

```
        {
            return x1+x2;
        }
        //实现接口 Ifunction2 中的属性
        public string str
        {
            get
            {
                return mystr;
            }
            set
            {
                mystr=value;
            }
        }
    }
    class Program
    {
        static void Main(string[] args)
        {
            //直接访问实例
            MyTest a=new MyTest();
            Console.WriteLine(a.sum(10, 20));
            MyTest b=new MyTest("How are you");
            Console.WriteLine(b.str);
            //使用接口
            Ifunction1 f1=(Ifunction1)a;
            Console.WriteLine(f1.sum(20, 30));
            Ifunction2 f2=(Ifunction2)b;
            Console.WriteLine(f2.str);
            //按回车键结束
            Console.ReadLine();
        }
    }
}
```

程序运行结果如图 8-9 所示。

图 8-9　程序运行结果

2.显式方式实现接口

由于不同接口中的方法可以重名,因此在一个类中实现接口中的方法时就存在着多义性的问题,对于这类问题,可以显式实现接口中的方法。对于显式实现的方法,不能通过类的实例进行访问,而必须使用接口的实例。

【例 8-9】以显式方式实现接口。

```
using System;
namespace InterfaceExample2
{
    interface Ifunction
    {
        int sum(int x1, int x2);
    }
    class MyTest : Ifunction
    {
        //实现接口 Ifunction1 中的方法
        int Ifunction.sum(int x1, int x2)
        {
            return x1+x2;
        }
    }
    class Program
    {
        static void Main(string[] args)
        {
            //下面注释掉的两行代码为错误的访问例子,如果这样写,会提示"MyTest 不包
            //含对 sum 的定义"的错误。这是因为 sum 是显式实现接口,只能通过接口调用。
            //MyTest a=new MyTest();
            //Console.WriteLine(a.sum(10,20));
            //通过接口访问实例
            MyTest myTest=new MyTest();
            Ifunction b=(Ifunction)myTest;
            Console.WriteLine(b.sum(20, 30));
            Console.ReadLine();
        }
    }
}
```

程序运行结果如图 8-10 所示。

图 8-10 程序运行结果

3.通过接口实现多继承

在继承时,C＃只允许有一个被继承的类,但是可以通过接口实现多继承。

【例 8-10】通过接口实现多继承。

```
using System;
using System.Collections.Generic;
using System.Text;
namespace InterfaceExample3
{
    class MyBaseClass1
    {
        public int add(int x1, int x2)
        {
            return x1+x2;
        }
    }
    interface IBasefunction
    {
        int Multiply(int x1, int x2);
    }
    class MyBaseClass2 : IBasefunction
    {
        public int Subtract(int x1, int x2)
        {
            return x1 - x2;
        }
        //显式实现接口 IBasefunction 中的方法
        int IBasefunction.Multiply(int x1, int x2)
        {
            return x1 * x2;
        }
    }
    interface Ifunction1
    {
        int add(int x1, int x2);
    }
    interface Ifunction2
    {
        int Subtract(int x1, int x2);
    }
    //通过接口实现多继承
    class MyClass : MyBaseClass2, Ifunction1, Ifunction2
```

```
    {
        //实现接口 Ifunction1 中的方法
        int Ifunction1.add(int x1, int x2)
        {
            MyBaseClass1 class1=new MyBaseClass1();
            return class1.add(x1, x2);
        }
        //实现接口 Ifunction2 中的方法
        int Ifunction2.Subtract(int x1, int x2)
        {
            MyBaseClass2 class2=new MyBaseClass2();
            return class2.Subtract(x1, x2);
        }
        //增加的新方法
        public void Hello()
        {
            Console.WriteLine("Hello");
        }
    }
    class Program
    {
        static void Main()
        {
            MyClass myClass=new MyClass();
            Ifunction1 f1=(Ifunction1)myClass;
            Console.WriteLine(f1.add(5, 2));
            Ifunction2 f2=(Ifunction2)myClass;
            Console.WriteLine(f2.Subtract(5, 2));
            IBasefunction f3=(IBasefunction)myClass;
            Console.WriteLine(f3.Multiply(5,2));
            myClass.Hello();
            //按回车键结束
            Console.ReadLine();
        }
    }
}
```

程序运行结果如图 8-11 所示。

图 8-11 程序运行结果

8.3.5　委托

委托(delegate)是一种数据结构,提供类似C++中函数指针的功能,不同的是C++的函数指针只能够指向静态的方法,而委托除了可以指向静态的方法之外,还可以指向对象实例的方法。另外,delegate 是完全的面向对象且使用安全的类型,编程人员可以利用 delegate 在执行时期传入方法的名称,动态地决定欲调用的方法。

委托的最大特点是,它不知道或不关心自己引用的对象的类。任何对象中的方法都可以通过委托动态的调用,只是方法的参数类型和返回类型必须与委托的参数类型和返回类型相匹配。

委托主要用在两个方面:其一是 CallBack(回调)机制;其二是事件处理。

建立和使用 delegate 类型可按照下面的步骤进行,例 8-12 给出了演示的程序代码。

1.声明样板

首先要声明一个 delegate 类型:

```
public delegate string MyDelegate(string name);
```

代码中先定义一个 delegate 类型,名为 MyDelegate,它包含一个 string 类型的传入参数 name,一个 string 类型的返回值。当 C# 编译器编译这行代码时,会生成一个新的类,该类继承自 System. Delegate 类,而类的名称为 MyDelegate。

从语法形式上看,定义一个委托非常类似于定义一个方法。即:

```
访问修饰符 delegate 类型 委托名(参数序列);
```

但是,方法有方法体,而委托没有方法体。因为它执行的方法是在使用委托时动态指定的。

2.定义准备调用的方法

由于这个方法是通过 delegate 调用的,因此,此方法的参数类型、个数以及参数的顺序都必须和 delegate 类型相同。

例 8-11 中定义了两个方法:FunctionA 与 FunctionB。这两个方法的参数和 MyDelegate 的类型一样,有一个 string 类型的传入参数,有一个 string 类型的返回值。

【例 8-11】委托。

```
public static string FunctionA(string name)
{
……
}
public static string FunctionB(string name)
{
……
}
```

(1)定义 delegate 类型的处理函数,并在此函数中通过 delegate 类型调用定义的方法。

在这个例子中,处理函数的功能比较简单,仅仅输出一个字符串,字符串中包含通过 MyDelegate 类型调用的方法得到输出的内容。

```
public static void MethodA(MyDelegate Me)
```

```
{
    Console.WriteLine(Me("张三"));
}
```

由于 MyDelegate 类型的定义中有一个 string 类型的传入参数，所以使用时也必须传入一个字符串，即：Me("张三")。

因此，如果 Me 指向的是 FunctionA，则会执行 FunctionA 内的程序代码；如果 Me 指向的是 FunctionB，则会执行 FunctionB 内的程序代码。

(2)创建实例，传入准备调用的方法名。

由于声明一个 delegate 类型在编译时期会被转换成一个继承自 System.Delegate 的类，因此要使用 delegate 类型时，必须先建立 delegate 的实例，并把它关联到一个方法：

```
MyDelegate a＝new MyDelegate(FunctionA);
```

本行代码的含义是：a 指向 FunctionA 方法的程序代码段。

注意，创建 Delegate 的实例时，只需要指定调用的方法名，不能指定方法需要的参数。

建立 delegate 类型的实例后，就可以直接调用处理函数，并传入 delegate 类型的变量：

```
MethodA(a);
```

由于 a 指向 FunctionA 的引用，所以实际执行的是 FunctionA 中的程序代码。

【例 8-12】使用 delegate。

```
using System;
namespace DelegateExample
{
    //第一步：声明委托
    public delegate string MyDelegate(string name);
    public class Program
    {
        //第二步：定义被调用的方法
        public static string FunctionA(string name)
        {
            return "A say Hello to "＋name;
        }
        public static string FunctionB(string name)
        {
            return "B say Hello to "＋name;
        }
        //第三步：定义 delegate 类型的处理函数，并在此函数中
        //通过 delegate 类型调用步骤定义的方法
        public static void MethodA(MyDelegate Me)
        {
            Console.WriteLine(Me("张三"));
        }
        public static void Main()
```

```
        {
            //第四步:创建实例,传入准备调用的方法名
            MyDelegate a=new MyDelegate(FunctionA);
            MyDelegate b=new MyDelegate(FunctionB);
            MethodA(a);
            MethodA(b);
            //按回车键结束
            Console.ReadLine();
        }
    }
}
```

程序运行结果为如图 8-12 所示。

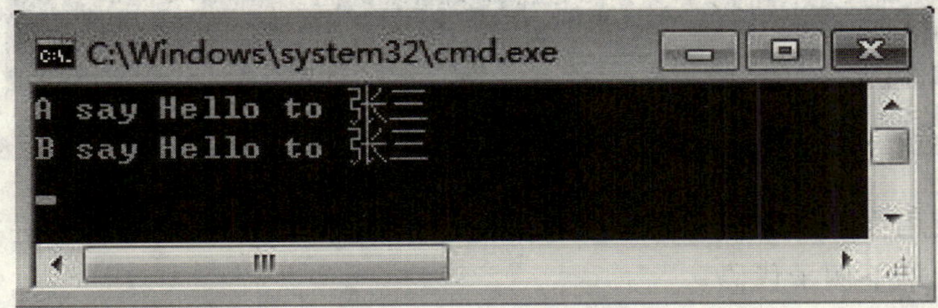

图 8-12　程序运行结果

委托不仅可以实现对静态方法的调用,也可以对实例方法实现调用,看下面的例子。

【例 8-13】用委托实现对实例方法的调用。

```
delegate void  mydelegrate ();
class Program
{
    static void Main(string[] args)
    {
        are f=new are();
        mydelegrate b=new mydelegrate(are.a);
        b();
        Console.WriteLine("******************************");
        mydelegrate d=new mydelegrate(f.c);
        d();
        Console.ReadKey();
    }


}
class are
{
    public static void a()
    {
```

```
            Console.WriteLine("调用的是静态方法");
        }
        public  void c()
        {
            Console.WriteLine("调用的是实例方法");
        }
    }
```

程序运行结果如图 8-13 所示。

图 8-13 程序运行结果

下面，我们利用委托来模拟实现从键盘接受一个用户的按键，并由事件进行处理的整个过程，具体过程请看如下例子代码。

【例 8-14】委托和事件综合举例。

```
using System;
using System.Collections.Generic;
using System.Linq;
using System.Text;
//以下例子，演示了从键盘接受一个用户的按键，并由事件进行处理的全过程
namespace ConsoleApplication23
{
    class KeyEventArgs : EventArgs //第一个类用来定义键盘按键事件类型。
        //一个键盘按键事件应该指示用户按键的字符码
    {
        private char keyChar;
        public KeyEventArgs(char mkeyChar)
        {
            keyChar=mkeyChar;
        }
        public char KeyChar
        {
            get
            {
                return keyChar;
            }
```

```
        }
    }
class KeyInputMonitor //此类用来定义事件的发生器,同时,通过调用代码(Run())的方式,实现了事件的人为触发,以便检验结果
    {
        // 第一步,创建一个委托,返回类型为 void,两个参数
        public delegate void KeyDown(object sender, KeyEventArgs e);
        // 第二步,将创建的委托和特定事件关联,在这里特定的事件为 OnKeyDown
        public event KeyDown OnKeyDown;
    //第三步,编写事件处理程序
        public void Run()
        {
            bool finished=false;
            do  //循環等待用戶的按鍵,直到遇到 X 退出
            {
                Console.WriteLine("Input a char");
                string response=Console.ReadLine();
                char responseChar=(response == "") ? ' ' : char.ToUpper(response[0]);
                switch (responseChar)
                {
                    case 'X':
                        finished=true;
                        break;
                    default:
                        // 得到按键信息的参数
                        KeyEventArgs keyEventArgs=new KeyEventArgs(responseChar);
                        // 触发事件
                        OnKeyDown(this, keyEventArgs);
                        break;
                }
            } while (! finished);
        }
    }
class EventReceiver  //此类用来定义事件的接收器
{
    public EventReceiver(KeyInputMonitor monitor)
    {
        //第四步,第五步, 产生一个委托实例并添加到 KeyInputMonitor 产生的事件列表中
        monitor.OnKeyDown += new KeyInputMonitor.KeyDown(Echo);
        //此处通过委托订阅事件的方式,实现了事件处理的机制。
    }
    private void Echo(object sender, KeyEventArgs e) //对于 echo 方法而言,它只负责处理事件,而不
```

关心事件是何时何地发生的。

```
        {
            // 真正的事件处理函数
            Console.WriteLine("Capture key:{0}", e.KeyChar);
        }
    }
    class Program
    {
        static void Main(string[] args)
        {
            // 实例化一个事件发送器
            KeyInputMonitor monitor=new KeyInputMonitor();
            // 实例化一个事件接收器
            EventReceiver eventReceiver=new EventReceiver(monitor);
            // 运行
            monitor.Run();
            //当显式调用方法 Run 时,事件发生了,然后由委托 KeyDown 来帮助对象 monito 实现了对事件
OnKeyDown 的订阅,然后,
            //委托去负责调用相关的事件处理函数(Echo())。实现了事件的处理。
            //这种机制,很好的实现了面向对象的"事件驱动"的思想。
        }
    }
    }
```

程序运行结果如图 8-14 所示。

图 8-14 程序运行结果

8.4 任务实施

按照上面的知识点准备,我们接下来实现"超人"类。

【问题分析】

步骤一:定义 Fly 接口。

步骤二:定义人类。

步骤三:定义 Superman 类,继承基类 Person。

步骤四:为 Superman 类添加重写了的方法,如 Run,See。

步骤五:在 Superman 类中实现 Fly 接口。

步骤六:编写一个测试类,测试上述内容。

【程序代码】

```
using System;
using System.Collections.Generic;
using System.Text;

namespace8－1
{
    interface Ifly
    {
        //定义了 canflay 的方法,所有想飞的都可以实现这个接口
        //比如超人,飞机、鸟、飞碟...
        void canfly();
    }
    interface ISay
    {
        //定义了 cansay 的方法,所有能说话的都可以实现这个接口
        //比如外星人、电视、mp3、会说话的鹦鹉...
        void cansay();
    }
    class Human : ISay          //人类
    {
        private string name;            //私有字段:名字
        private string sex;             //私有字段:性别
        private int age;                //私有字段:年龄

        public Human()   //默认构造函数
        {

        }
        public Human(string na, string se, int ag)  //带参数的构造函数
        {
            this.name=na;
            this.sex=se;
            this.age=ag;
```

```
    }
    public string Name              //属性:名字,用来供外部存取访问
    {
        get { return name; }
        set { name=value; }
    }
    public string Sex
    {
        get { return sex; }//性别
        set { name=value; }
    }
    public int Age                        //年龄,设置时需要判断是否有效,普通人的寿命为0～150岁
    {
        get
        {
            return age;
        }
        set
        {
            if (value > 0 && value < 150)
            {
                age=value;
            }
            else
            {
                Console.WriteLine("年龄是无效数据!");
            }
        }
    }
    public void Run()   //奔跑的方法
    {
        Console.WriteLine("I can run at a speed of20km/h.");//普通人类奔跑的速度是每小时20公里
    }
    virtual public void Havaknowledge()
    {
        Console.WriteLine("I think there is only humanbeing in the world.");
    }
    public void cansay()     //实现接口中说话的方法,可以说人类的语言
    {
        Console.WriteLine("I can say human words.");
    }
}
```

```
    class SuperMan : Human, ISay, Ifly
    {

        new public void Run()  //隐藏来自于基类中的Run方法
        {
            Console.WriteLine("I can run at a speed of20000km/h.");//超人类奔跑的速度是每小时2万公里

        }
        override public void Havaknowledge()//重写的方法,改变人类的科学认识。
        {
            Console.WriteLine("I hava known that not only humanbeing in the world ,but also
others,such like 'ET'.");
        }
        new public void cansay()  //超人可以说所有的语言
        {
            Console.WriteLine("I can say all nature's words.");
        }
        public void canfly()
        {
            Console.WriteLine("I can fly.");
        }
    }
    class Program
    {
        static void Main(string[] args)
        {
            SuperMan SM=new SuperMan();
            //分别给基类中的属性进行赋值
            SM.Name="卡尔";
            SM.Age=35;
            SM.Sex="男性";
            Console.WriteLine("大家好,我是"+SM.Name+",我今年"+SM.Age.ToString()+"岁,我
是一名"+SM.Sex);
            SM.cansay();
            SM.canfly();
            SM.Run();
            SM.Havaknowledge();

        }
    }
}
```

程序运行结果如图 8-15 所示。

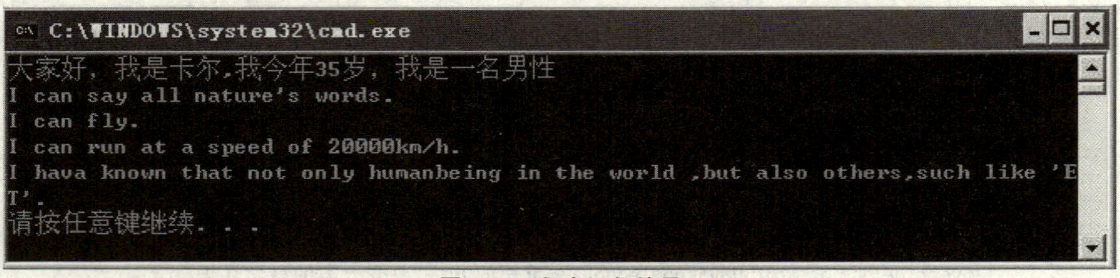

```
C:\WINDOWS\system32\cmd.exe
大家好，我是卡尔，我今年35岁，我是一名男性
I can say all nature's words.
I can fly.
I can run at a speed of 20000km/h.
I hava known that not only humanbeing in the world ,but also others,such like 'E
T'.
请按任意键继续. . .
```

图 8-15 程序运行结果

8.5 技术拓展

用 C# 编写方法时，如果在扩充类中重写基类的方法，需要用 override 声明；要隐藏基类的方法，需要用 new 声明，这就是 C# 进行版本控制的依据。

在 C# 中，所有的方法默认都是非虚拟的，调用非虚拟方法时不会受到版本的影响，不管是调用基类的方法还是调用扩充类的方法，都会和设计者预期的结果一样执行实现的程序代码。相比之下，虚拟方法的实现部分可能会因扩充类的重写而影响执行结果。也就是说，在执行时期调用虚拟方法时，它会自动判断应该调用哪个方法。比如，如果基类中声明一个虚拟方法，而扩充类的方法中使用了 override 关键字，则执行时会调用扩充类的方法；如果扩充类的方法没有使用 override 关键字，则调用基类的方法。而没有声明为 virtual 的非虚拟方法，则在编译时就已经确定了应该调用哪个方法了。

【例 8-15】使用 new 修饰符进行版本控制。

```
using System;
namespace NewExample
{
    class A
    {
        public void Method()
        {
            Console.WriteLine("A.Method");
        }
    }
    class B : A
    {
        public new void Method()
        {
            Console.WriteLine("B.Method");
        }
    }
```

```
    class Program
    {
        static void Main(string[] args)
        {
            A a=new A();
            B b=new B();
            A c=b;
            a.Method();
            b.Method();
            c.Method();
            //按回车键结束
            Console.ReadLine();
        }
    }
}
```

程序运行结果如图 8-16 所示。

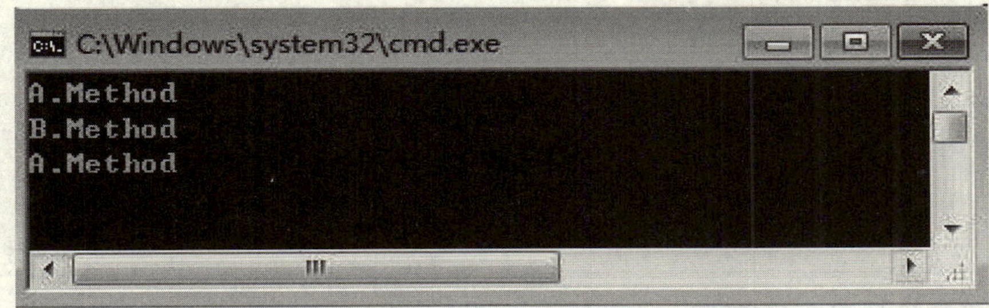

图 8-16　使用 new 修饰符的程序运行结果

例子中先建立了 A 类的对象 a,因此可以直接调用 Method 方法,并输出相关的字符串。

b 对象声明为 B 类型,当调用 b 的 Method 方法时,实际上是调用定义在 B 类中的方法。

c 对象声明为 A 类型,却初始化为 B 类的对象。当调用 c 的 Method 方法时,由于 c 对象声明为 A 类型,因此 c 便被视为 A 类型的对象,调用的将是 A 类中的 Method 方法。

C# 在执行时期调用声明为 virtual 的虚拟方法时,会动态地决定要调用的方法是定义在基类的方法,还是定义在扩充类中的方法。实际上是根据下面的原则来判断的:调用继承的最后实现(most derived implementation)部分的方法。

【例 8-16】使用 virtual 与 new 进行版本控制。

```
using System;
namespace VirtualandNewExample
{
    class A
    {
        public virtual void Method()
        {
            Console.WriteLine("A.Method");
```

```
        }
    }
    class B : A
    {
        public new virtual void Method()
        {
            Console.WriteLine("B.Method");
        }
    }
    class Program
    {
        static void Main(string[] args)
        {
            A a=new A();
            B b=new B();
            A c=b;
            a.Method();
            b.Method();
            c.Method();
            Console.ReadLine();
        }
    }
}
```

程序运行结果如图 8-17 所示。

图 8-17 使用 virtual 与 new 的程序运行结果

在这个例子中，c 对象仍然声明为 A 类，并初始化为 B 类的对象。当调用 c 的 Method 方法时，C# 会先检查 A 类的 Method 方法，然后发现 Method 方法使用 virtual 关键字，于是进一步检查 B 类，而 B 类的 Method 方法使用了 new 关键字，表示这是一个全新的方法。虽然 B 类的 Method 方法也使用了 virtual 关键字，但是 B 类的 Method 方法和 A 类的 Method 方法没有重写关系，只是和基类的 Method 方法同名罢了，因此，最后被调用的是 A 类的 Method 方法。

【例 8-17】使用 virtual、new 与 override 进行版本控制。

```
using System;
namespace VirtualNewOverrideExample
```

```
{
    class A
    {
        public virtual void Method()
        {
            Console.WriteLine("A.Method");
        }
    }
    class B : A
    {
        public new virtual void Method()
        {
            Console.WriteLine("B.Method");
        }
    }
    class C : B
    {
        public override void Method()
        {
            Console.WriteLine("C.Method");
        }
    }
    class Program
    {
        static void Main(string[] args)
        {
            A a=new A();
            B b=new C();
            A c=b;
            a.Method();
            b.Method();
            c.Method();
            Console.ReadLine();
        }
    }
}
```

程序运行结果如图 8-18 所示。

图 8-18　使用 virtual、new 与 override 的程序运行结果

在这个例子中，b对象仍然声明为B类，但初始化为C类的对象。当调用b的Method方法时，C#会先检查B类的Method方法，发现Method方法使用了new修饰符，说明B类的Method方法隐藏了A类的Method方法。但是由于B类的Method方法使用了virtual修饰符，并且b被初始化为C类的对象，于是进一步检查C类的Method方法，C类的Method方法使用override关键字，表示重写了B类的Method方法，根据调用继承的最后实现部分的方法的原则，因此最后被调用的是C类的Method方法。

8.6 本章小结

(1)介绍了面向对象的三大特性：封装、继承、多态。

(2)介绍了基类和派生类的概念和关系。

(3)介绍了运行时的多态性和编译时的多态性。

(4)介绍了虚拟方法和抽象方法的使用。

(5)介绍了接口的使用。

(6)介绍了委托。

8.7 强化练习

一、选择题

1. 类的成员中，不能定义为静态的有__________。

A. 析构函数　　B. 属性

C. 索引函数　　D. 事件

2. 要从派生类中访问基类的成员，应使用关键字__________。

A. new　　B. this

C. base　　D. override

3. 下面有关抽象类的说法，正确的有__________。

A. 抽象类中至少应有一个抽象方法

B. 抽象类中的方法不能提供实现代码

C. 抽象类的派生类必须实现该抽象类的所有抽象方法

D. 抽象类不能被实例化，因此不能定义公有构造函数

4. 下面有关虚拟方法和抽象方法的说法，正确的有__________。

A. 二者都不提供方法的实现代码

B. 二者都不能使用private修饰符

C. 一个方法可以同时使用virtual和abstract修饰符

D. 虚拟方法可以作为抽象方法的重写实现

5. 下面有关密封类和密封方法的说法,正确的有＿＿＿＿＿＿。

A. 密封类中的所有方法部不能被重载

B. 密封方法不能被重写,也不能重载其他方法

C. 密封方法不能是静态的

D. 派生类中的方法不能与基类中的密封方法同名

6. C#可以采用下列哪些技术来进行对象内部数据的隐藏＿＿＿＿＿＿。

A. 静态成员　　B. 类成员的访问控制说明

C. 属性　　D. 装箱(boxing)和拆箱(Unboxing)技术

7. 在定义类时,如果希望类的某个方法能够在派生类中进一步进行改进,以满足不同的派生类的需要,则应将该方法声明成＿＿＿＿＿＿。

A. sealed 方法　　B. public 方法

C. visual 方法　　D. override 方法

8. 当创建一个新类时,该类将从 System. Object 基类继承下列哪些方法＿＿＿＿＿＿。

A. ToString　　B. ToObject

C. Equals　　D. GetClassInfomation

9. 下面是关于 new 运算符的描述,正确的有＿＿＿＿＿＿。

A. new 运算符为任意指定类型的实例分配并初始化内存

B. new 运算符依据类型的不同从栈或堆里分配

C. 使用 new 运算符组成一个对象创建表达式

D. 如果内存分配给一个引用类型,则 new 运算符返回一个引用,指向在堆中被分配并初始化的对象实例

10. 下列有关虚函数说法不正确的是＿＿＿＿＿＿。

A. 虚函数是静态的

B. 虚函数声明只能出现在类定义的函数原型声明中

C. 一个虚函数无论被公有继承多少次,它仍然保持其虚函数的特性

D. 在基类中定义了虚函数后,可以在派生类中对它进行重写

二、问答题

1. 简要回答下列问题。

(1) 举例说明 new 关键字可用于哪些方面。

(2) sealed 关键字的作用是什么? 什么情况下需要使用 sealed 关键字?

(3) 哪些关键字可以用于版本控制?

2. 简要回答抽象类和接口的主要区别。

3. 使用委托的优点是什么? 委托和事件有什么区别和联系?

4. 给出下列问题的答案,请回答“可以”或“不可以”。

问题	答案
抽象类可以不可以有非抽象方法？	
非抽象类可以不可以有抽象方法？	
抽象类的派生类可以不可以是非抽象类？	
抽象类的派生类可以不可以是抽象类？	
非抽象类的派生类可以不可以是抽象类？	
抽象类的派生类里可以不可以使用 new 关键字来实现隐藏抽象方法？	
非抽象类的派生类里可以不可以使用 new 关键字来实现隐藏虚方法？	
抽象类可以不可以是密封类？	
密封类可以不可以是抽象类？	

5.传入某个属性的 set 方法的隐含参数的名称是什么？

6.私有成员会被继承么？

7.C＃提供一个默认的无参数构造函数，当实现了另外一个有一个参数的构造函数时候，还想保留这个无参数的构造函数，这样应该写几个构造函数？

8.C＃中所有对象共同的基类是什么？

三、编程题

1.编写一个控制台应用程序，完成下列功能，并回答提出的问题。

(1) 创建一个类 A，在构造函数中输出“A”，再创建一个类 B，在构造函数中输出“B”。

(2) 从 A 继承一个名为 C 的新类，并在 C 内创建一个成员 B。不要为 C 创建构造函数。

(3) 在 Main 方法中创建类 C 的一个对象，写出运行程序后输出的结果。

2.定义一个车辆(Vehicle)类，要求具有 Run、Stop 等方法，具有 Speed、MaxSpeed、Weight 等字段(域)。然后以该类为基类，派生出自行车、小轿车等类，并编程对派生类的功能进行验证。

3.编写一个通用的人员类(Person)，该类具有姓名(Name)、年龄(Age)、性别(Sex)等字段，然后通过对 Person 类进行继承，得到学生(Student)类。要求该类能够存放学生的五门课程的成绩，并能够求出平均分数；要求对学生类的构造函数进行重载，至少给出三种形式；最后编程对 Student 类的功能进行验证。

4.思考下列程序的结果以及为什么会这样。

```
using System;
using System.Collections.Generic;
using System.Linq;
using System.Text;

namespace DerivedTest
{
class Base
    {
```

```
        protected static string name="Base";
        public static void F()
        {
            Console.WriteLine("Base.F()");
        }
    }
class Derived:Base
    {
        new private static string name="Derived";
        new protected static void F()    //在 Derived 类中隐藏基类中 F()
        {
            Console.WriteLine("Derived.F()");
        }
        public static void G()
        {
            name="DDDD";                          //将给哪个 name 赋值?
            F();                                   //将调用哪个 F? ()
        }
    }
    class MoreDerived:Derived
    {
        public static void H()
        {
            F();                                  //将调用哪个 F? ()
            Console.WriteLine(name);              //输出结果是什么?
        }
    }
    class program
    {
        static void Main()
        {
            Base.F();
            Derived.F();
            Derived.G();
            MoreDerived.F();
            MoreDerived.G();
            MoreDerived.H();
                }
        }
}
```

5. 写出下列程序的输出结果。

```
using System;
using System.Collections.Generic;
using System.Linq;
using System.Text;

namespacetest
{
    class A
    {
        public void F()          //非虚方法
        {
            Console.WriteLine("A.F()");
        }
        public virtual void G()          //虚方法
        {
            Console.WriteLine("B.G()");
        }
    }
    class B : A
    {
        new public void F()          //隐藏非虚方法
        {
            Console.WriteLine("B.F()");
        }
        public override void G()          //重写虚方法
        {
            Console.WriteLine("B.G()");
        }
    }
    class C : B
    {
        new public void F()          //隐藏非虚方法
        {
            Console.WriteLine("C.F()");
        }
        public override void G()          //重写虚方法
        {
            Console.WriteLine("C.G()");
        }
    }
    class Program
```

```
    {
        static void Main(string[] args)
        {
            B b=new B();                        //子类对象
            A a=new A();                        //a 的编译时类型为 A,运行时类型 B
            C c=new C();
            Console.WriteLine("非虚方法");
            a.F();
            b.F();
            c.F();
            Console.WriteLine("虚方法");
            a.G();
            b.G();
            c.G();
        }
    }
}
```

第 9 章 综合练习

9.1 任务导引——体检收费模拟程序

校医院准备针对学校师生进行一次大规模的身体检查，教师的检查项目包括身高、体重、听力、视力、肝功能、B超、血压、心电图；学生的检查项目包括身高、体重、视力、听力、肝功能。检查项目是自选的，根据需要，教师的检查项目可以增加，每项检查收取必要的费用。

校医院的张大夫是本次身体检查的负责人，他还为此设计了一个表格，如表 9-1 所示。

表 9-1 体检信息表

姓 名		学 院		
年 龄		检查对象	□教师	□学生
性 别		专 业		
检查项目	□身高 1 元 □视力 1 元 □血压 5 元	□体重 1 元 □肝功能 30 元 □心电图 10 元	□听力 1 元 □B 超 10 元 □其他	
费 用				

他找到软件技术教研室的宋老师，请宋老师帮忙检查一下这个表格设计得是否合理。经过宋老师的分析，发现张大夫设计的表格存在几个问题：

(1)该表没有显示出学生和教师检查项目的区别。

(2)表格中的专业应指学生的专业，教师应为教研室。

(3)表格中应包含学生的学号，因为学生的姓名有可能出现重复现象是不唯一的，同理教师应包含教师的编号。

(4)“其他”不明确，费用不好设定。

(5)没有检查结果信息。

(6)为更好地了解教师的身体状况，应加入病史信息。

宋老师决定编写一个模拟程序实现费用计算。

9.2　任务分析

通过前面知识的学习，我们分析一下项目导引中的这个问题。根据面向对象的知识，我们可以设计一个 Person 类、Teacher 类和 Student 类，这三者之间的关系是：Person 类是基类，其他两个类是由 Person 派生出来的子类。三者关系如图 9-1 所示。

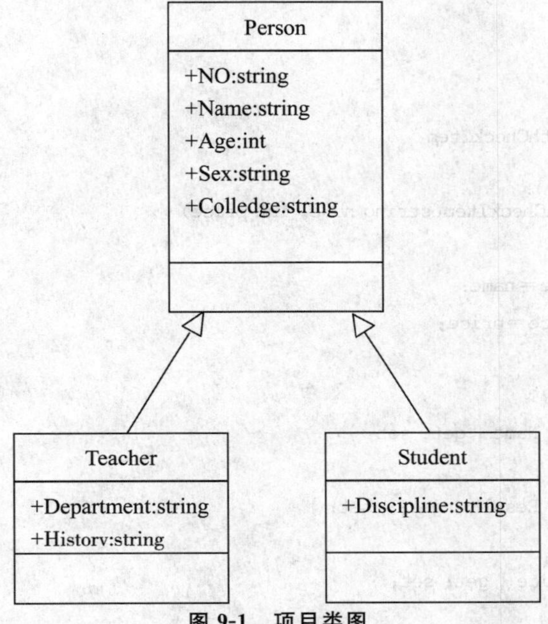

图 9-1　项目类图

那么，如何来描述体检中的检查项目呢？由于还没有学习数据编程，可以使用泛型集合来模拟。

首先，可以声明一个检查项目类 HealthCheckItem，用来定义检查项目，然后再声明一个 HealthCheckSet 类，在 HealthCheckSet 类中定义泛型集合 List＜HealthCheckSet＞类型的属性，用来表示不同的检查项目。

List＜HealthCheckSet＞是 List＜T＞的具体类型，List＜T＞是微软提供的一种特殊集合，称为泛型集合。

9.3　任务实施

【问题分析】

步骤一：定义 Person、Teacher、Student 类，并设计三者之间的关系。

步骤二：定义 HealthCheckItem 类表示检查项目，声明其属性 ItemName 表示检查项目名称，属性 Price 表示检查项目的价格。

步骤三：定义 HealthCheckSet 类，声明其属性 List＜HealthCheckItem＞类型属性表示检查项目集合，属性 TotalPrice 表示所选项目的总费用。

步骤四：编写程序，实现检查项目的选择以及费用计算的功能。

【程序代码】

```
using System;
using System.Collections.Generic;
using System.Linq;
using System.Text;
namespacechapter9
{
    public class HealthCheckItem
    {
        public HealthCheckItem(string name, int price)
        {
            this.Name=name;
            this.Price=price;
        }
        //项目名称
        public string Name { get; set; }
        //检查结果
        public string Result { get; set; }
        //单价
        public int Price { get; set; }
    }
    public class HealthCheckSet
    {
        public HealthCheckSet()
        {
            Items=new List<HealthCheckItem>();
        }
        //检查项目集合
        public List<HealthCheckItem> Items { get; set; }
    }
    public class Person
    {
        //编号,学生为学号,教师为教师编号
        public string NO { get; set; }
        //姓名
        public string Name { get; set; }
        //年龄
        public int Age { get; set; }
```

```
        //性别
        public string Sex { get; set; }
        //学院
        public string Colledge { get; set; }
        //体检总费用
        public int TotalPrice { get; private set; }
        //个人检查项目集合
        public HealthCheckSet CheckSet;
        public void Compute()
        {
            TotalPrice=0;
            foreach (HealthCheckItem item in CheckSet.Items)
            {
                TotalPrice += item.Price;
            }
        }
    }
    public class Teacher : Person
    {
        //教研室
        public string Department { get; set; }
        //病史
        public string History { get; set; }
    }
    public class Student : Person
    {
        //专业
        public string Discipline { get; set; }
    }

    class Program
    {
        //保存原始 item 数据
        static void Main(string[] args)
        {
            //创建初始检查项目集合
            HealthCheckSet AllItems=new HealthCheckSet();
            HealthCheckItem height, weight, sight, hearing, liverFun, ekg, bWaves, bloodPressure;
            height=new HealthCheckItem("身高", 1);
            weight=new HealthCheckItem("体重", 1);
            sight=new HealthCheckItem("视力", 1);
            hearing=new HealthCheckItem("听力", 1);
```

```
liverFun=new HealthCheckItem("肝功能",30);
bWaves=new HealthCheckItem("B超", 10);
bloodPressure=new HealthCheckItem("血压", 5);
ekg=new HealthCheckItem("心电图", 10);

AllItems.Items.Add(height);
AllItems.Items.Add(weight);
AllItems.Items.Add(sight);
AllItems.Items.Add(hearing);
AllItems.Items.Add(liverFun);
AllItems.Items.Add(ekg);
AllItems.Items.Add(bWaves);
AllItems.Items.Add(bloodPressure);

Console.WriteLine("请输入检查人员身份:1 为教师,2 为学生");
string str1=Console.ReadLine();
if (str1 == "1")
{
    #region 教师检查项目选择
    Teacher teacher=new Teacher();
    Console.WriteLine("请输入教师编号:");
    teacher.NO=Console.ReadLine();
    Console.WriteLine("请输入教师姓名:");
    teacher.Name=Console.ReadLine();
    Console.WriteLine("请输入教师年龄:");
    teacher.Age =Convert.ToInt32( Console.ReadLine());
    Console.WriteLine("请输入教师性别:");
    teacher.Sex=Console.ReadLine();
    Console.WriteLine("请输入教师学院:");
    teacher.Colledge=Console.ReadLine();
    Console.WriteLine("请输入教师教研室:");
    teacher.Department=Console.ReadLine();
    Console.WriteLine("请输入教师病史:");
    teacher.History=Console.ReadLine();
    Console.WriteLine ("教师检查项目:名称,价格");
    int i=1;
    foreach (HealthCheckItem item in AllItems.Items)
    {

        Console.Write("第{0}项,检查名称:{1},费用:{2}元",i, item.Name, item.Price);
        Console.WriteLine();
        i++;
```

```
}
Console.WriteLine("请选择检查项目,按 9 添加检查项,按 0 退出");
HealthCheckSet teacherCheckSet=new HealthCheckSet();
string select="";
while (true)
{
    select=Console.ReadLine();
    if (select ! = "0")
    {
        switch (select)
        {
            case "1": teacherCheckSet.Items.Add(height); break;
            case "2": teacherCheckSet.Items.Add(weight); break;
            case "3": teacherCheckSet.Items.Add(sight); break;
            case "4": teacherCheckSet.Items.Add(hearing); break;
            case "5": teacherCheckSet.Items.Add(liverFun); break;
            case "6": teacherCheckSet.Items.Add(ekg); break;
            case "7": teacherCheckSet.Items.Add(bWaves); break;
            case "8": teacherCheckSet.Items.Add(bloodPressure); break;
            case "9":
                HealthCheckItem itemNew;
                Console.WriteLine("请输入检查项目名称:");
                string checkName=Console.ReadLine();
                Console.WriteLine("请输入检查项目价格:");
                int priceNew=Convert.ToInt32(Console.ReadLine());
                itemNew=new HealthCheckItem(checkName, priceNew);
                teacherCheckSet.Items.Add(itemNew);
                break;
            default: break;
        }
        Console.WriteLine("继续选择检查项目,按 9 添加检查项,按 0 退出");
    }
    else
    {
        break;
    }
}
if (teacherCheckSet.Items.Count == 0)
{
    Console.WriteLine("教师没有选择检查");
}
else
```

```
            {
                teacher.CheckSet=teacherCheckSet;
                teacher.Compute();
                Console.WriteLine("教师的检查总费用为{0}", teacher.TotalPrice);
            }
            #endregion
        }
        else if (str1 == "2")
        {
            #region 教师检查项目选择
            Student student=new Student();
            Console.WriteLine("请输入学生编号:");
            student.NO=Console.ReadLine();
            Console.WriteLine("请输入学生姓名:");
            student.Name=Console.ReadLine();
            Console.WriteLine("请输入学生年龄:");
            student.Age=Convert.ToInt32(Console.ReadLine());
            Console.WriteLine("请输入学生性别:");
            student.Sex=Console.ReadLine();
            Console.WriteLine("请输入学生学院:");
            student.Colledge=Console.ReadLine();
            Console.WriteLine("请输入教师专业:");
            student.Discipline=Console.ReadLine();
            Console.WriteLine("教师检查项目:名称,价格");
            int i=1;
            foreach (HealthCheckItem item in AllItems.Items)
            {
                if (item.Name == "身高" || item.Name == "体重" || item.Name == "视力" ||
                item.Name == "听力" || item.Name == "肝功能")
                {
                    Console.Write("第{0}项,检查名称:{1},费用:{2}元", i, item.Name, item.Price);
                    Console.WriteLine();
                    i++;
                }
            }
            Console.WriteLine("请选择检查项目,按0退出");
            HealthCheckSet studentCheckSet=new HealthCheckSet();
            string select="";
            while (true)
            {
                select=Console.ReadLine();
                if (select ! = "0")
```

```
                {
                    switch (select)
                    {
                        case "1": studentCheckSet.Items.Add(height); break;
                        case "2": studentCheckSet.Items.Add(weight); break;
                        case "3": studentCheckSet.Items.Add(sight); break;
                        case "4": studentCheckSet.Items.Add(hearing); break;
                        case "5": studentCheckSet.Items.Add(liverFun); break;
                        default: break;
                    }
                    Console.WriteLine("继续选择检查项目,按 9 添加检查项,按 0 退出");
                }
                else
                {
                    break;
                }
            }
            if (studentCheckSet.Items.Count == 0)
            {
                Console.WriteLine("教师没有选择检查");
            }
            else
            {
                student.CheckSet=studentCheckSet;
                student.Compute();
                Console.WriteLine("教师的检查总费用为{0}", student.TotalPrice);
            }
            #endregion
        }
        else
        {
            Console.WriteLine("输入错误");
        }
        Console.ReadLine();
    }
  }
}
```

9.4　任务运行

程序运行结果如图 9-2 所示。

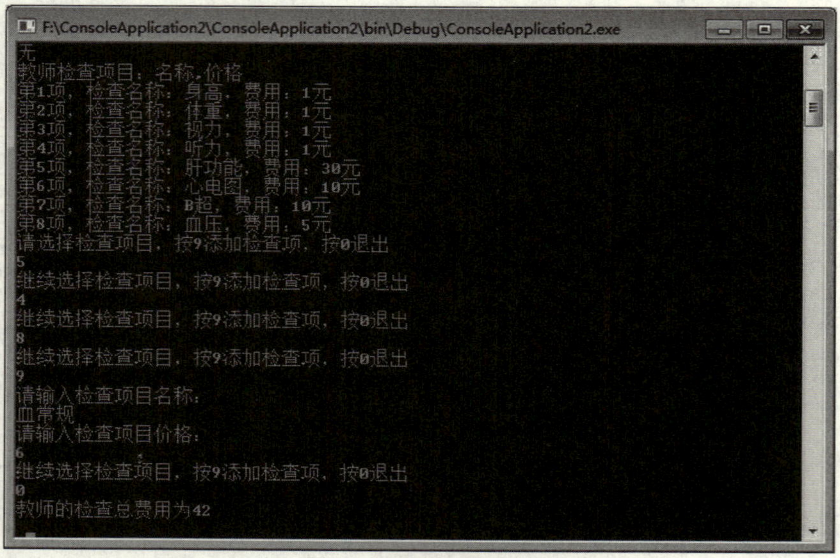

```
F:\ConsoleApplication2\ConsoleApplication2\bin\Debug\ConsoleApplication2.exe
无
教师检查项目：名称，价格
第1项，检查名称：身高，费用：1元
第2项，检查名称：体重，费用：1元
第3项，检查名称：视力，费用：1元
第4项，检查名称：听力，费用：1元
第5项，检查名称：肝功能，费用：30元
第6项，检查名称：心电图，费用：10元
第7项，检查名称：B超，费用：10元
第8项，检查名称：血压，费用：5元
请选择检查项目，按9添加检查项，按0退出
5
继续选择检查项目，按9添加检查项，按0退出
4
继续选择检查项目，按9添加检查项，按0退出
8
继续选择检查项目，按9添加检查项，按0退出
9
请输入检查项目名称：
血常规
请输入检查项目价格：
6
继续选择检查项目，按9添加检查项，按0退出
0
教师的检查总费用为42
```

图 9-2　程序运行结果

参考文献

[1] (美)Anders Hejlsberg. C# 程序设计语言[M]. 北京:机械工业出版社,2011.
[2] (美)Karli Watso. C#入门经典[M]. 5 版. 北京:清华大学出版社,2010.
[3] (美)Christian Nagel. C#高级编程 [M]. 7 版. 北京:清华大学出版社,2010.
[4] 王小科. C#开发实战 1200 例(第 II 卷)[M]. 北京:清华大学出版社,2011.
[5] 姜晓东. C# 4.0 权威指南[M]. 北京:机械工业出版社,2011.
[6] 周靖. Visual C# 2010 从入门到精通[M]. 北京:清华大学出版社,2010.
[7] 郑阿奇. 精通 C#编程[M]. 北京:电子工业出版社,2011.
[8] 罗福强. C#程序设计经典教程[M]. 北京:清华大学出版社,2012.
[9] 明日科技. C#从入门到精通 [M]. 3 版. 北京:清华大学出版社,2009.